믿음으로 걸어라

당신의 믿음이
당신의 미래를 창조한다

네빌 고다드 Neville Goddard

1905- 1972

나에게 주어진 유일한 과업은,
나의 관념을 위대함으로 채우는 일뿐이다

Contents

008 옮긴이의 말

012 아브라함이 있기도 전에
016 당신이 명령한 대로
026 진리의 모습
044 그대는 누굴 찾는가?
064 나는 누구인가?
088 나는 그이다
108 그대의 뜻은 이루어지리라
118 오직 한 분의 하느님
126 반석
134 가진 자에게는
140 크리스마스
150 십자가에서의 죽음과 부활
162 인상
174 할례

시간의 간격 *184*

삼위일체 *194*

기도 *202*

열두제자 *212*

투명한 빛 *236*

생명의 숨을 불어넣으시니 *242*

사자굴에 갇힌 다니엘 *248*

낚시 *258*

듣는 자가 되어라 *266*

천리안- [몬테크리스토 백작] *276*

시편 23장 *286*

겟세마네 *292*

승리의 공식 *306*

옮긴이의 말

오 트로이가 불에 휩싸이지 않도록,
그대의 강인한 상상력으로 거대한 수레바퀴를 뒤로 돌려라.
전 시대를 거쳐 지나온 모든 삶들은,
계속해서 주어지는 거짓된 문제들을
끊임없이 풀어내는 것에 불과하다.

삶은 항상 문제와 함께 하고 있습니다.
경제적인 문제, 인간관계에서의 문제,
정신적 공황과 스트레스.
어떤 문제만 해결되면 그걸로 끝일 것 같지만,
금새 또 다른 문제가 모습을 드러내고
또 그걸 해결하기 위해 고군분투합니다.

네빌 고다드의 가르침은
우리에게 계속 주어지는 저 문제를
어떻게 대해야 하는지,

욕망은 씨앗에 비유될 수 있으니,
씨앗이란 그것 안에
스스로를 펼쳐낼 힘과 계획을 담고 있기 때문이다.
그리고 의식은
그것을 품는 토양이다.

그리고 문제라면 당연히 갖고 있는 해법을
어떻게 이끌어낼 수 있는지에 대해 가르칩니다.

네빌고다드의 가르침을 실천에 옮기게 될 때,
우리는 문제를,
더 이상 자신을 괴롭히고
가슴을 옥죄는 것으로 바라보지 않게 될 것이고,
해결 가능하고 가벼운 것으로,
또 우리 의식의 결핍된 면을 채우라는
성장의 촉진제로 보게 될 것입니다.

> 세상을 바꾸려하지 말라.
> 그것은 단지 거울일 뿐이니.
> 세상을 강제로 바꾸려는 인간의 투쟁은,
> 나의 모습이 마음에 들지 않는다고
> 거울을 깨버리는 것처럼 무익한 짓이다.
>
> 거울은 그대로 두고, 그대의 모습을 바꾸라.
> 세상을 그대로 두고, 그대 자아에 대한 관념을 바꾸라.

그리고 모든 문제의 원인인,
'나(I AM)'를 밝혀줄 것입니다.
한 신비가의 눈에 비친 '나'와 '세상'의 많은 선입견과 오해를,
그가 깨달은 그대로 보여줄 것입니다.

이 책을 통해 보다 풍요로운 삶과,
보다 더 큰 자유를 얻게 되시기를 희망합니다.

옮긴이 이상민

이 진리를 듣게 된 사람은 누구나 경이로움을 느끼기 때문에
바로 그 전부를 얻으려 한다.
하지만 인간이라는 믿음으로 수없이 많은 세월을 살아온 터라
이 기억을 곧바로 흡수할 수 없을 정도로
자신의 정체성을 완벽하게 잃었었다는 것을 곧 깨닫게 된다.

인간적인 가치와 견해들을 떠나보내는 만큼
그 진리를 받아들일 수 있는 능력이 커진다는 것을 깨닫는다.

듣는 자가 아닌 실천하는 자가 되십시오.

네빌 고다드

번역된 네빌 고다드의 글을 볼 스 있는 곳

http://blog.naver.com/pathtolight
http://www.beyondthesecret.kr

01

BEFORE ABRAHAM WAS
아브라함이 있기도 전에

진실로 진실로, 내가 그대에게 말하니,
아브라함이 있기 전에 나는 있느니라.

[요한복음 8장 58절]

태초에 말씀이 있었고, 말씀은 하느님과 함께였고,
말씀은 하느님이더라.

[요한복음 1장 1절]

태초에 어떤 한계도 없고, 어떤 조건도 지워지지 않은
'존재의 의식'이 있었다.
그리고 그것은 자신을 무엇이라 상상하는 것을 통해
자신을 조건 지웠다.
다시 말해 어떤 조건도 지워지지 않은 '존재의 의식'이
자신이라 상상한 존재가 되었다.

이렇게 창조는 시작되었다.

마음속에서 자신이 어떤 존재라고 생각하는 것,
그런 후에 그렇게 마음속에서 품었던 존재가 되는 것,
바로 이 법칙으로 인하여 '무(無)'에서 만물이 생겨났다.
따라서 이런 과정이 없었다면
지어진 것 중 어떤 것도 지어지지 않았을 것이다.

아브라함이 있기도 전에, 세상이 있기도 전에,
나는 존재한다(I AM).
그리고 이 시간이 멈춘다 해도
나는 존재한다(I AM).

나는(I AM) 자신을 인간이라 생각한
'형체 없는 존재의 의식'이다.

영원한 존재의 법칙에 의해서
나는 나라고 믿는 존재가 될 수밖에 없고,
그렇게 그것들을 세상에 나타낼 수밖에 없었다.

나는(I AM)
나의 '형체 없는 자아' 속에
모든 것들이 될 수 있는 능력을 지닌,
'불멸의 공(空: No-thingness)'이다.

나는(I AM)
나 자신에 대한 관념 모두가
그 안에서 살고 움직이고 존재를 두는 것이다.

그러나

나는(I AM)

이 모든 관념들과 떨어져 있다.

나는 모든 '나에 대한 관념들' 안에서 거하지만
항상 그것들을 초월하고자 한다.
하지만 '나에 대한 관념'들을 초월할 수 있는 것은,
바로 이 존재의 법칙에 의해서
내가 그 관념들을 초월한 존재라고 믿을 때뿐이다.
나는(I AM) 존재의 법칙이고
나를 넘어선 바깥에는 어떤 법칙도 존재하지 않는다.

I AM that I AM

(나는 나라고 인식한 존재이다)

02

YOU SHALL DECREE
그대의 명령으로

그대가 무언가를 명령하면 그 일이 그대에게
이루어질 것이요. 빛이 그대의 길 위를 비치리라.
그대가 명령하면 나는 그대에게 다가갈 것이요,
빛은 그대의 길을 밝히리라. [욥기 22:28]

내 입에서 나간 말도 그러할지니.
그것은 내게 헛되이 돌아오지 않고
내가 기뻐하는 것을 이룰 것이요,
내가 그것을 보낸 곳에서 번성할지다. [이사야 55:11]

인간 역시 무언가를 명령한다면 이루어질 것이다.
언제나 나의 세상에서 명령했던 것이 과거에 나타났고
지금 명령하는 것이 현재 나타나고 있다.
우리가 인간임을 인식하는 한 이런 명령은 계속될 것이다.
명령하지도 않았는데 스스로 모습을 드러낸 것은 없다.
이 말을 부정할지도 모르지만 시험해보라.

이 명령은 불변하는 진리, 그 위에 세워져 있기에
거짓임을 증명하고자 하는 그대의 시도도
이 진리가 거짓임을 증명하지 못할 것이다.
말로써 명령을 하는 것은 아니다.
오히려 말이란 것은
자신의 의심과 두려움을 고백할 뿐이다.

        명령은 언제나 의식 안에서 완성된다.

인식한 것 모두는 자연스레 바깥세상에 나타난다.
나는 의식적으로 애쓰지도 않고
어떤 말도 사용하지 않지만
내가 어떤 모습이라 인식하고 있고
그리고 내가 무엇을 가지고 있다 인식하기에
그 모습과 그 소유를 명령하고 있다.

불변하는 '현현의 원리'는 성경 속에서 이야기로 표현되었다.
이 신성한 책의 작가들은
깨어난 신비주의자들이자 마음의 기법에 통달한 자들이었다.
그들은 영혼의 이야기를 서술하면서 그것을 보존하고,
아직 진리에 눈뜨지 않은 사람들의 눈을 피하기 위해
비인격(非人格)의 원리를 하나의 역사의 형태로 남겼다.
오늘날 이 위대한 보물은 세상의 성직자들에게 맡겨졌지만
그들은 성경이 마음에 관한 드라마라는 사실을 잊었다.
무지에 덮인 눈으로 성경을 보면서
이 세상 어느 시공간에서 실제로 살았던
남자들과 여자들의 것이라 말한다.
그리고 그 성경 속 인물들에게 숭배할 것을 강요한다.
하지만 성경이란 것이 위대한 마음에 관한 드라마이고

그 책에 나오는 인물들과 배우들이
우리 의식의 특정한 모습을 인격화시킨 것임을
깨닫게 되었을 때만 우리는 성경에 담긴 의미를 이해할 것이다.

이런 비인격의 '만물의 창조자'인 '생명의 원리'는
하느님이란 존재로 인격화되었다.

우리는 하늘과 땅을 창조하신 분인 '주 하느님'이
인간의 '존재의 의식'이란 것을 깨달았다.
만약 우리가 전통적인 교리에 덜 얽매여 있고
직관적 관찰력이 보다 더 예리했다면
성경에서 이 '존재의 의식'을 수백 번도 더 언급했음을
눈치 챘을 것이다. 그 중 몇 가지를 보면

아이엠(I AM)이 나를 그대에게 보냈더라 [출애굽기 3:14]

고요하라 그리고 내가 하느님임을 알라 [시편 46:10]

나는(I AM) 주이고 그 외에 하느님은 없다
[나는 주이고, 나 외에 어떤 하느님도 없더라, 이사야 45:5]

내가 주 너의 하느님이니,
그 외에는 어떤 하느님도 없더라 [요엘 2:27]

나는 목자이더라.
[나는 훌륭한 목자이니, 훌륭한 목자는 양들을 위해
자신의 생명을 주더라. 요한복음 10:11]

나는 훌륭한 목자이니, 나의 양들을 알고,
양들은 또한 나를 알아보더라. [요한복음 10:14]

나는 문이더라.
[나는 문이고, 누구든 나를 통해 들어오면 구원받을 것이요,
나를 통해 나가고 들어가면, 초원을 찾으리라. 요한복음 10:9]

진실로, 진실로, 내가 그대에게 말하니,
나는 양들의 문이라
[요한복음 10:7]

나는 부활이요 생명이라 [요한복음 11:25]

나는(I AM) 길이라.

[나는 길이요 진리요 생명이니. 누구든 내가 아니고서는
아버지께로 다가가지 못하더라. 요한복음 14:6]

나는(I AM) 시작이요 끝이라.

[나는 알파요 오메가니, 시작이고 끝이고, 처음과 마지막이더라.
요한계시록 22:13]

나는 알파요 오메가요, 시작이고 끝이더라. 주, 곧 지금도 계시며, 과거에도 계셨으며, 앞으로도 올 전능한 자가 말씀하시더라.

[요한계시록 1:8]

성서에서는
인간의 '조건 지워지지 않은 존재의 의식'인 아이엠(I AM)을,
모든 '조건 지워져 나타난 상태'의 창조자로 나타낸다.
우리는 하느님이 우리와 분리된 존재로서
바깥 세상 어딘가에 존재한다는, '그릇된 믿음'을 버리고,
우리의 '존재 인식'이 하느님인 것을
(이 인식이 그것 자신의 모습과 형상으로 스스로를 창조했다는 것을)
깨닫는다면 우리의 세상은 황폐한 땅에서 흡족할만큼

기름진 땅으로 바뀔 것이다.
이런 변화를 정말 일구어낸다면
나와 아버지는 하나이지만,
아버지는 나보다 더 위대하다는 것을 알게 될 것이다.

즉, 나의 '존재의 의식'은 내가 인식하는 것과 하나이지만,
나의 '조건 지워지지 않은 존재의 의식'은
'조건 지워진 상태', 즉 나 자신에 대한 관념보다
더 크다는 것을 알게 될 것이다.
자신의 의식이 비인격(非人格)의 현현의 권능이고
그 권능은 영원히 자신에 대한 관념 안에서 스스로를
인격화시킨다는 것을 알게 된다면 그때부터는 외부세상에
나타내고자 하는 의식의 상태만을 취하려 할 것이다.
그것으로 자신이 받아들인 상태가 외부세상에 나타날 것이다.
"그대가 명령을 하면 그것은 이루어지리라"는 구절은
이렇게 바꿀 수도 있다.

그대는 어떤 존재가 된 것을 인식하고,
어떤 것을 가진 것을 인식한다면
그대로 이루어질 것이다.

의식의 법칙은 현현이 일어나는 유일한 길이다.

"나는 길이요."
"나는 부활이라."

의식은 인간이 자신으로 인식하는 것을 언제나 부활시키고
외부로 모습을 나타나게 하는 권능이자 길이다.
소망하는 모습이 되기 위해, 그리고 원하는 것을 갖기 위해
자신이 이미 그렇게 되었다고 인식하지도 않으면서
외부세상에서 쟁취하고자 하는,
'투쟁의 무지'로부터 등을 돌리라.
그리고 이 불변하는 법칙의 토대 위에서
원하는 것을 선포하는
'깨어있는 신비주의자'가 되라.
내가 구하고자 하는 모습이 되었다고
의식 안에서 자신을 주장하라.
내가 바라보고 있는 의식을 나의 것으로 칙하라.
그렇게 한다면 다음과 같은 신비주의자의 선언을
이해하게 되리라.

나는 그것이 되었다고 인식하게 되었고
지금도 그렇게 인식한다.
그리고 이렇게 인식한 것이 완벽하게 모습을 드러낼 때까지
나는 그렇게 계속 인식할 것이다.

그렇다. 내가 명령하면 현실이 된다.

03

THE PRINCIPLE OF TRUTH
진리의 모습

진리를 알게 되리니

그 진리가 그대를 자유롭게 하리라

[요한복음 8장 32절]

의식이 부활이자 생명이고
인식하는 것 모두를 소생시켜 생명을 준다는 앎,
이것은 인간을 자유로 인도하는 진리이다.
인식이 없다면 그 어떤 것도 부활하지 못하고
생명을 지니지 못한다.

하느님이 인간과는 분리된 존재로서,
바깥세상 어딘가에 존재한다는 믿음을 버리고,
예수 그리스도와 예언자들이 행했던 것처럼
나의 인식이 하느님이란 것을 깨닫기 시작했을 때,

"나와 나의 하느님은 하나이고"[요한복음 10:30]
그러나
"나의 아버지는 나보다 더 크시다"[요한복음 14:28]

라는 깨달음을 지닌 채 나의 세상을 변화시킬 것이다.
그리고 이제는 의식을 하느님과 하나인 것,
그리고 내가 나로 인식하는 것은
하느님 아버지의 증거를 가져오는 아들이란 것을
알게 될 것이다.

> 생각하는 자와 그의 생각은 하나이나,
> 생각하는 자는 그의 생각보다 위대하다.

아브라함이 존재하기 전에
나는 존재한다(I AM).
그것은 바로, 나를 인간으로 인식하기 이전에도
나는 존재함을 인식하고,
내가 인간임을 인식하는 날이 끝날 때조차
여전히 존재함을 인식한다는 것이다.

'존재의 의식'은 그것이 어떤 존재라 인식할 때에만
존재하는 것은 아니다.
인식은 그것에서 생겨난 어떤 관념보다 먼저 존재하고
그 관념이 끝날 때조차 계속 존재할 것이다.

나는(I AM) 시작이자 끝이다.

다시 말해, 나 자신에 대한 관념, 그리고 모든 관념들,
그것들은 모두 나에서 시작되고 나에서 끝을 맞이한다.
하지만 형체도 없는 인식인 "나"는 영원한 시간 속에 존재한다.

예수는 이런 영광된 진리를 밝혔고
그로써 하느님과 하나임을 선포했다.
하지만 그가 말한 하느님은
인간의 손으로 지은 하느님이 아니고
그런 하느님에 대해서는 알지도 못했다.
예수는 하느님이 '존재의 의식'이란 것을 깨달았기에
하느님의 왕국과 하늘나라는 내 안에 존재한다고 말했다.
예수 그리스도가 세상을 떠나 아버지께 간다고 말했을 때
이것은 곧, 감각의 세상에서 의식을 제거해
자신이 세상에 표현하고자 하는 곳까지
의식의 고양을 이루는 것을 뜻한다.

그리고 그 고양된 의식과 하나 될 때까지

그 의식 안에서 예수 그리스도는 머물렀다.

인간의 세상으로 다시 돌아왔을 때
예수 그리스도는 자신이 인식했던 것,
즉 다른 사람들이 느끼고 알던 것이 아닌
오직 자신만이 가졌다 느끼고 알았던 의식의 상태에 대한
흔들리지 않는 확신을 지니고
그 확신으로 행동할 수 있었다.

예수 그리스도가 행한 일들은,
이런 영원한 현현의 법칙에 무지한 자들의 눈에는
마치 기적처럼 보였을 것이다.
의식 속에서 바라던 것들이 이루어진 상태까지 솟아올라
그것이 자신의 자연스러운 본성과 하나 될 때까지 머무는 것,
이것이 바로 기적처럼 보이는 일 모두를
이 땅에 이루게 하는 길이다.

**내가 만약 들어올려진다면
모든 사람을 내게 이끌어 오리라** [요한복음 12:32]

의식 안에서 바라는 것의 본성까지 들려진다면
그것들은 나에게 끌려올 것이다.

> 내 안의 아버지가 그를 이끌어주지 않으시면,
> 그 누구도 나에게 다가오지 않더라.
> 나와 나의 아버지는 하나이더라
>
> [요한복음 6:44]

나의 의식은 나에게 생명의 모습을 끌어오는 아버지이다.
내 주위에 나타난 것들이 무엇인지는
내가 머물러 있는 의식의 상태가 결정짓는다.
내가 나로 인식한 것들은 언제나 나의 세상 속으로 들어온다.

지금 그대의 상황이 마음에 들지 않는가?
그렇다면 기필코 다시 태어나야 한다.

다시 태어남,
그것은 원치 않는 의식의 상태를 내려놓은 후
세상에 표현하고 싶고, 갖고 싶은 의식의 상태까지
솟아오르는 것이다.

동시에 두 주인을 섬길 수는 없으니,
이것은 곧 동시에 상반된 의식의 상태를 지닐 수 없다는 뜻이다.
의식이 머물던 과거의 자리에서 의식을 제거해
다른 곳에 둔다면 그것은 곧,
이전의 것들에게는 죽음을, 그대와 하나 된 새로운 상태에게는
새 생명을 심어 세상에 피어나게 한다.

소망하는 것을 의식에서 받아들이는
이런 단순한 원리가,
어떻게 원하는 모습으로 나를 창조할 수 있는지
인류는 알 수 없었다.
그들은 소망을 보나
자신들을 둘러싼 한계를 통해 보았고,
이것으로 믿음의 결핍만을 얻게 되었다.
그래서 그들의 눈에는
소망들이 당연히 불가능한 것으로 비춰졌다.

이런 영적인 법칙을 다루면서
반드시 이해해야 하는 것은,

새 술을 낡은 항아리에 부어서는 안 된다는 것,
새 천 조각을 낡은 옷에 기워서는 안 된다는 것이다.

[누가복음 5:36-39 마태복음 9:16,17, 마가복음 2:21,22]

다시 말해
현재의 의식을 지니고 새로운 상태에 들어가서는 안 된다.
그대가 구하고자 하는 상태는
본래 완벽하고 그 어떤 부분도 고쳐야 할 것이 없기 때문이다.
어떤 의식의 상태이든 저절로 그 모습을 외부에 표현한다.
그대가 어떤 의식상태로 올라간다면
바깥세상에서도 자동적으로 그 상태가 된다는 것이다.
하지만 현재의 모습이 아닌 다른 상태에 오르기 위해서는
반드시 그 전에, 자기자신이라 생각하는 의식의 상태를
완벽하게 잊어야 한다.
그대의 현재의식을 버리기 전까지는
또 다른 상태에 올라설 수 없다.

낙담하지 말라.

지금 자신의 모습으로 받아들인 것을 떠나보내는 것이

생각하는 것만큼 어렵지는 않다.
성서에서
"육신을 떠나 주의 곁에 머물라" [고린도후서 5:8] 는 말은
소수의 선택된 자에게 주어진 말이 아니라,
온 인류에게 던져진 메시지이다.
성서에서 그대에게 벗어나라고 했던 '육신'은
모든 한계를 지닌 그대 자신에 대한 현재관념을 말하고,
곁에 머물라고 했던 '주'는 그대 '존재의 의식'을 말한다.
이런 불가능해 보이는 일을 하기 위해서 그대는
문제로부터 의식을 철수한 후, 존재함 그 자체에 머물러야 한다.
고요하게, 단지 느낌으로 속삭여라.

"I AM"

이 인식에 어떤 조건도 지우지 말고
단지 침묵으로 선언하라.

"I AM - I AM"

자신을 '얼굴도 형체도 없는 존재'라고 느껴라.

그래서 붕 떠있는 느낌이 들 때까지 계속하라.
"떠있는 느낌(floating)"은
육체를 완벽하게 거부했을 때 나타나는 심리적 상태이다.

'이완'과 '감각들에 반응하지 않는 것'을 연습함으로써
"순수한 수용성(pure receptivity 역주 : 완벽한 이완상태)"의
의식상태를 계발시킬 수 있다.
그것은 매우 쉽게 도달할 수 있는 상태이다.
이렇게 물질적인 것에서 분리된 '초연한 상태'에서
한 가지의 명확한 생각을 떠올린다면
그 인상을 의식 위에 깊게 새길 수 있다.

진정한 명상을 하기 위해서는 이런 의식의 상태가 필요하다.
이렇게 붕 떠 있는 경이로운 경험은
육신이라고 표현된 문제에서 그대가 벗어나 있다는,
그리고 주의 곁에 머물러 있다는 신호이다.
그리고 이런 확장된 상태에서
자신이 무엇이 된 것을 인식하지 말고
단지 I AM - I AM 으로 오직 존재의 상태에 더물라.
이런 의식의 확장이 이루어졌을 때

이 '형체도 없는 자아'의 깊은 곳에서
그대가 원하는 모습이 되었다는 것을 주장하고 느껴서
새로운 관념에 형체를 불어넣으라.
이런 '형체도 없는 깊은 곳' 안에는
모든 것들이 가능한 것처럼 보인다는 것을 알게 될 것이다.
이런 확장된 상태 안에서
진실로 자신이라 느낀 것은 무엇이든,
장차 그대의 자연스러운 모습이 된다.

그리고 하느님이 말씀하시니,
그 물들 한 가운데에 창공(firmament)이 있으라.
[창세기 1:6]

그것은 다름 아닌, 이런 확장된 의식의 한 가운데에
'나는(I AM) 원하는 그 존재가 되었다'는 것을 알고 느껴,
확고함(firmness)과 확신이 있으라는 뜻이다.
바라는 존재가 되었다고 주장하고 느낄 때,
그대는 그대 본연의 존재인 이런 '형체 없는 투명한 빛'을
그대라고 인식하는 것의 모습과 외형을 따라
형체로 굳히게 된다.

이제 그대에게 존재의 법칙이 밝혀졌으니,
바로 오늘부터 자신에 대한 평가를 새롭게 하여
그대의 세상을 새롭게 변화시키라.

우리는 너무 오랫동안
우리가 애환 속에서 태어난 존재라고 믿어,
구원을 얻기 위해서는
이마에 땀을 흘려야만 한다고 믿었다.
하느님은 인간적인 것을 초월한 존재이고
그 무엇도 차별하지 않는다.
우리가 이런 애환의 믿음을 지닌 채 계속해 걸어가는 한,
우리는 계속해서 애환과 혼돈의 세상 속을 걸어갈 것이다.
세상은 그 세세한 부분까지
인간의 의식이 형체를 띠어 굳어진 것이기 때문이다.
민수기를 보면 이런 구절이 있다.

그 땅에는 거인들이 있었고,
우리가 보기에 우리가 메뚜기로 보이더라.
그러니 그들의 눈에도 우리가 메뚜기로 보이더라.

[민수기 13:33]

오늘이 바로 그 '영원한 현재'인 그 날, 그것은 곧
세상의 모습이 거인의 형상을 취하고 있는 그 때이다.

실업, 전쟁, 그리고 치열한 경쟁.
이런 모든 것들이 우리를 무력한 메뚜기로 느끼게 만든다.
성경에는 우리가 먼저 우리 자신을 무력한 메뚜기로 보았더니
이런 자아관념으로 인해 상대방의 눈에도
우리가 무력한 메뚜기로 보였다고 말한다.

우리가 본 우리 자신의 모습,
다른 이들도 오직 그 모습으로만 우리를 보게 된다.

그렇기에 내가 나 자신을 새롭게 평가해,
권능의 중심으로, 즉 거인으로 느끼기 시작한다면
이전에는 거인의 모습으로 나타나 나에게 위압하던 것들은
그들이 마땅히 있어야 할 자리인,
무력한 메뚜기의 형태로 되돌아갈 것이다.

바울은 이 진리에 대해 이렇게 말한다.

그리스인(세상의 지식인이라 불리는 사람들)에게는
어리석은 것이 되고,
유대인(기적을 찾는 사람들)에게는 걸림돌이 되더라.

["유대인들은 기적을 구하고, 그리스인들은 지혜를 구했지만 우리는 십자가에 처형되신 그리스도를 전파하노니, 이것이 유대인들에게는 걸림돌이 되고 그리스인들에게는 어리석은 것이 되지만 부르심을 받은 사람들에게는, 유대인들에게나 그리스인들에게나, 그리스도는 하느님의 능력이요 또 하느님의 지혜니라." [고린도전서 1:22-25]

그 결과 인간은
"나는(I AM) 세상의 빛이다"라는 인식에 깨여있지 못하고
어둠 속에서 계속 걸어간다.

처음 이 계시가 사람들에게 주어진 날, 그들에게는
긴 세월동안 숭배해온
자신이 만든 하느님에 대한 이미지가 있었기에
그 계시가 불경하다 여길 것이다.
그러나 누군가가 이 진리를 깨달아
자신의 삶의 기조로 받아들이는 날, 바로 그 날이
"자신과 분리된 존재로서 숭배하던 하느님"에 대한 믿음에

종말을 고하는 날이다.

겟세마네 동산에서 예수가 모습을 드러낸 이야기는,
한 인간이 이 원리를 발견한 것을 완벽하게 묘사한다.
어둠속에서 몽둥이와 등불을 갖춘 군중들이
예수를 찾아 헤매고 있다.
군중들이 예수(구원)의 행방을 묻자, 음성이 들린다.
"나다(I AM)"
그러자 모여 있던 군중들이 모두 땅에 고꾸라진다.
그들이 다시 평정을 되찾아
구세주가 숨겨진 곳이 어디냐고 묻자 구세주는 대답한다.

> 나는 그대에게 말했으니, 나라고(I AM) 했다.
> 그대가 나를 찾고자 한다면
> 다른 모든 것들이 자신의 길을 가게 하라.
>
> [요한복음 18:8]

인류의 무지, 그 어둠 속에서 인간은
인간적 지혜라는 깜박이는 빛에 의지해,
하느님을 찾기 위한 여정을 떠난다.

그들의 IAM이, 즉 그들의 인식이
바로 우리의 구원자라는 사실이 밝혀졌을 때, 큰 충격을 받아
그곳에 모여 있던 군중들은 정신적으로 쓰러진다.
이것은 의식이 만물의 근원이자 유일한 구세주임을 깨달았기에
그들이 지금까지 간직하고 있던 모든 믿음들이
땅에 쓰러진 것을 말한다.

한 시에 두 명의 하느님을 섬길 수는 없기에,
'IAM이 하느님'이라는 앎은
다른 것들 모두를 떠나가게 한다.
인간은 자신의 '존재 인식'이 하느님이란 사실을
받아들임과 동시에, 또 다른 신성을 믿을 수는 없다.

이런 깨달음으로 인해 완벽하게 훈련된 자신의 귀(이해)는
'IAM이 주이자 구원자'라는 앎에 의해 회복(예수)되었기에
인간의 귀(이해)는 믿음(베드로)의 검으로 베어졌다.

우리가 우리의 세상을 바꾸기 위해서는,
이런 반석, 이런 이해가 먼저 놓여야만 한다.

나는(I AM) 주이다

'존재의 인식'이 하느님이란 사실을 깨달아야만 한다.
이 깨달음이 확고히 자신 안에 세워져
다른 이들의 생각이나 주장이
자신을 흔들지 않게 될 때까지는
과거의 믿음이 만들어낸 노예상태로 되돌아가
속박된 것을 보게 될 것이다.

> 그대가 만약,
> 내가 그(I AM He)라는 것을 믿지 않는다면,
> 그대는 그대의 죄 안에서 죽음을 맞이할 것이더라.
>
> [요한복음 8:24]

삶에 다가온 모든 것들,
그것의 원인이 나의 의식이란 것을 깨닫지 못한다면
나의 혼돈의 원인,
그것을 결과의 세상 속에서 언제나 찾고자 할 것이고,
그런 무익한 방황 속에서 죽음을 맞이할 것이다.

나는(I AM) 포도나무요, 그대들은 가지더라.
[요한복음 15:5]

의식은 포도나무이고,
자신이라 인식하는 것은
영양분을 줘서 생명을 주는 가지이다.

포도나무에서 떨어져나간 가지에게는 생명이 없듯,
그대의 인식에서 벗어난 것 역시 생명이 없다.
포도나무의 수액이 가지까지 흘러가지 않을 때 시들어버리듯,
그대의 의식이 무언가에서 제거된다면
그것들의 존재는 사라져버린다.

그대의 의식은 삶에 모든 것들을 지탱해주는
생명의 수액이기 때문이다.

04

WHOM SEEK YE?
그대가 찾는 것은 누구인가?

나는 그대에게 나(I AM)라고 말했으니,

그대가 나를 찾는다면 그들의 길을 가게끔 하라

[요한복음 18:8]

그가 그들에게 나(I AM)라고 말하자,

그들은 뒤로 넘어지더라.

[요한복음 18:6]

오늘 날, 마스터, 엘더 브라더스, 아데프트, 그리고
신비의 전수자들에 대한 많은 이야기가 쏟아지고 있기에,
수많은 진리의 탐구자들은 이런 거짓된 스승들을 찾으려
계속 잘못된 길로 들어서고 있다.

이런 것을 말하는 대부분의 거짓된 스승들은
돈을 위하여, 배우려는 자들에게 길과 보호를 약속하고는
신비를 향한 입문식을 열어준다.
누군가가 자신을 이끌어주기 바라는 인간의 나약함과
거짓된 스승들을 향한 우상숭배는
자신을 거짓 단체와 거짓 스승의 먹잇감으로 전락시킨다.

언젠가 이들에게도
선(Good: [역주] 하느님을 말한다)은 나타날 것이다.
그리고 그들은 기다림과 희생으로 수년을 허비한 후에,

자신들이 쫓은 것은 환상이었음을 깨닫게 될 것이다.
이제 그런 단체와 스승에게 환멸을 느끼게 될 것이고
그들은 헛된 방황의 시간 동안 쏟아 부었던 노력과 가치만큼
실망하고 좌절할 것이다.
결국, 인간을 향한 숭배를 그만둘 것이고

하늘나라의 왕국은 내 안에 있기에[누가복음 17:21]

찾고자 했던 것들이 바깥에 있지 않음을 깨닫게 될 것이다.
그가 이것을 이해했을 때 비로소
진정한 신비의 입문식(initiation)에 들어서게 된 것이다.
이제 오직 한 분의 마스터가 계시고, 그 분은 바로 신이며 또한
신은 내 안에 존재하는 I AM이란 것을 배우게 될 것이다.

나는(I AM)
어둠의 땅, 속박의 집에서
그대를 인도하는 주 하느님이라
[출애굽기 20:21, 신명기 5:61]

그대의 인식, 곧 I AM이 바로 주이자 마스터이고

그 인식을 벗어난 곳에는
어떤 주도, 어떤 마스터도 존재하지 않는다.
그대는 당신으로 인식하게 될 모든 것들의 마스터이다.

그대는 그대가 누구인지 알고 있다.
그렇지 않은가?

그대가 누구인지를 인식하고 있는 것은
그대가 그대 자신으로 알고 있는 것의 주이자 마스터이다.
그대는 자신을 인간이라 생각하지만
그것과는 완벽히 독립된 존재이다.
세상의 어떤 장벽에도 불구하고
그대가 자신으로 인식하는 모든 것들을
애쓰지 않고 자신에게 끌어오고 있다.

자신이 가난하다고 믿는 자는
그 가난함을 현현하기 위해 누구의 도움도 필요로 하지 않는다.
자신이 아프다고 인식하는 자는
병균이 전혀 없는 격리된 세상 속 장소로 가더라도
병들어 있는 자신의 모습을 보게 될 것이다.

하느님은 그대 '존재의 인식'이기에,
그곳에는 어떤 장벽도 없다.

그대가 인식하는 모습이 어떤 것이든 관계없이
그것은 애쓰지 않아도 외부에 나타날 수 있고
정말로 그렇게 된다.
마스터가 그대에게 다가오기를 기대치 말라.
마스터는 언제나 그대와 함께 있기에.

**나는(I AM) 항상 그대와 함께 있으니,
심지어 세상이 끝을 맞이할지라도.**

[마태복음 28:20]

그대는 이따금
다양한 모습으로 나타난 자신을 보게 될 것이나
그대의 존재를 알기 위해서 무언가가 될 필요는 없다.
만약 그대가 자신의 존재가 무엇인지를 알기 원한다면
그대가 걸치고 있는 육신이란 것에서 자신을 풀어놓으라.
그때 그대는 그대의 존재가
외적인 형체에 종속되지 않는다는 것과 더 나아가

'얼굴도 없고 형체도 없는 인식'이란 사실을 깨닫게 될 것이다.
그대는 그대의 존재를 알게 될 것이고 또한
그대가 그대의 존재를 아는 것, 바로 그것이
하느님이자 아버지이고 이것은
이제껏 그대라고 알던 것들 모두에 앞서 존재함을
알게 될 것이다.

세상이 창조되기 전에도 그대는 존재를 인식하니
그것이 "I AM"이라 불리는 것이고,
I AM은 그대가 자신이라 아는 것 모두가
존재하지 않을 때조차 영원할 것이다.

승천대사(Ascended Master)란 존재하지 않으니 이 미신을 버려라.
그대는 앞으로 계속하여 하나의 의식상태(마스터)에서
또 다른 상태로 올라서게 된다.
이렇게 새롭게 받아들인 의식이 표현되면서
그렇게 올라선 의식상태는 모습을 드러낸다.

의식은 주이자 마스터이기에, 지금 인식하는 것들을
소환해내고 있는 그대는, 마스터 마법사이다.

하느님(의식)께서 존재하지 않는 것을
마치 존재하는 것처럼 부르시더라.
[로마서 4:17]

지금 보이지 않는 것들을 마치 보이는 것처럼 인식하게 될 때
그것은 모습을 드러내게 될 것이다.
이렇듯, 하나의 의식 단계에서 다른 상태로 솟아오르는 것,
바로 이것이 그대가 유일하게 경험할 '승천'인 것이다.
그 누구라도 그대가 원하는 곳까지
그대를 들어 올릴 수는 없다.

승천하는 힘은 그대 안에 있으니,
그것은 그대의 의식이다.

그대가 원하는 모습을 이미 그대의 모습이라고 주장해서
나타내고자 하는 상태의 의식을 그대의 것으로 취한다.
바로 이것이 승천이고,
그대의 솟아오르는 능력은 결코 끝이 없으니
승천에 한계란 건 있을 수 없다.
인간 마스터가 승천한다는 믿음,

그런 인간적인 미신을 버리라.
오로지 유일하고 불멸하는 그대 안의 마스터를 발견하라.

> 그대 안의 그는, 세상에 있는 그보다 더 크시니
> [요한1서 4:4]

이 진리를 믿으라.
마스터라는 신기루를 쫓는 인간의 무지,
그 속에 머물지 말라.
그런 그대의 여정은 오직 실망만을 안겨줄 것이다.

> 그대가 나(그대 존재의 의식)를 거부한다면
> 나 역시 그대를 거부할 것이다.
> [마태복음 10:33]

> 그대는 나 외에 다른 하느님을 갖지 못할 것이라.
> [이사야 45:5, 요엘 2:27]

> 고요하라. 그리고 알라. 내가 하느님임을
> [시편 46:10]

와서 내가 하늘의 창문들을 열어
너희에게 복을 부어 주지 않나 시험해보라.
그것을 받을 만한 충분한 장소가 없으리라
[말라기 3:10]

내가(I AM)이 이런 일을 할 수 있다고 믿는가?
그렇다면 주장하라.

그대가 소망하는 외부의 모습,
나는 이미 그런 존재라고.
그대가 원하는 모습이 되었다고 주장한다면
그렇게 될 것이다.

어떤 마스터라는 분의 뜻으로
내가 그것을 그대에게 주는 것이 아니라,
내가(그대의 자아) 바로 그 존재가 되었다고 믿기 때문에
그것을 그대에게 줄 것이다.
왜냐하면 나는(I AM) 모든 사람들에 대한 모든 것이기 때문이다.

예수는 사람들이 자신을

선한 마스터(Good Mastar)라 부르지 못하게 하였다.
그는 유일한 하나의 선과 한 분의 마스터가 존재함을 알았다.
그가 바로 하늘나라의 아버지, 곧 '존재의 인식'임을 알았다.

> "하느님의 왕국(the Kingdom of God)"(선)과
> 하늘나라의 왕국(the Kingod of Heaven)은
> 그대 안에 있으니
>
> [누가복음 17:21]

그대가 인간 마스터를 믿는다면
노예상태에 있다는 것을 고백하는 것이다.
오직 노예만이 주인(마스터)을 갖는다.
마스터의 도움이나 다른 그 누구의 도움도 필요 없이,
오직 그대의 관념을 변화시키기만 한다면
그대의 세상도 변화된 관념에 맞춰 바뀔 것이다.

신명기에서는
인간이 스스로를 메뚜기 같은 작은 존재로 보자,
그런 관념으로 인해
이 땅 위의 다른 존재들이 거인처럼 보이게 되었다고 한다.

이 이야기는 신명기가 쓰인 그 때에만 통하는 진실이 아닌,
지금 이 순간에도 통하는 진실이다.
자신에 대한 관념이 메뚜기와 같았기에
자연히 주위의 모든 것들이 거인처럼 보였고
이런 무지 속에 갇힌 사람들은
거인처럼 거대한 문제들과 싸워 이기기 위해
마스터의 도움을 울부짖는다.
하지만 예수 그리스도는 사람들에게
자신의 구세주를 찾기 위해 어떤 장소에 가거나
누군가를 찾아 헤매지 말라고 경고하면서
오직 자신 안에서 구세주를 찾으라고 했다.

누군가 그대에게 다가와
이곳을 보라, 저곳을 보라 말한다면
그를 믿지 말라.
하늘나라의 왕국은 그대 안에 있기 때문이라.

예수는 자신을 따르는 자들이 자신더러
선한 마스터라 부르는 것을 거부했을 뿐 아니라,
그들에게,

"큰 길을 가는 도중 그 누구에게도 경배하지 말라"

[누가복음 10:4]

"길을 가며 그 누구에게도 인사하지 말라" [열왕기하 4:29]

고 경고했다.

예수는 그들에게, 하느님 아버지
오직 이 한 분을 제외한 어떤 권위나 존재도,
마음에 두어서는 안 된다는 것을 분명히 했다.
예수는 아버지의 정체성을
인간의 '존재 인식(awareness of being)'으로 세웠다.

나와 나의 아버지는 하나이나,
나의 아버지는 나보다 더 크시니

[요한복음 10:30, 요한복음 14:28]

나는(I AM) 내가 인식하는 것들과 하나이다.
하지만 나는(I AM) 내가 인식하는 것보다 더 위대하다.
창조자는 자신의 창조물보다 더 위대하다.

모세가 광야에서 뱀을 들어올린 것처럼,
인간의 아들도 들어올려져야 하니.

[요한복음 3:14]

인류의 혼돈이란 광야에서 살고 있는, 먼지투성이 벌레인 뱀은
자신에 대한 현재의 관념을 상징한다.
모세가 자신의 '존재의식'이 하느님이란 사실을 깨닫기 위해,
즉 "I AM이 나를 보냈다"는 것을 깨닫기 위해
자아에 대한 '먼지투성이 벌레' 관념에서
자신을 들어올린 것처럼
그대자신에 대한 관념도 들려야만 한다.

모세가 "I AM that I AM(나는 내가 나로 인식한 존재다)"라고 한 것처럼
그대도 그것을 외치는 날에
비로소 그대의 외침은 광야에서 꽃을 피우게 될 것이다.

그대의 의식은
그대가 세상에 소환하고자 하는 것과 하나 되는 것을 통해
세상에 모든 것들을 불러낼 수 있는 마스터 마법사이다.
이렇게 주이자 마스터인 그대의 존재는,

자신이라고 인식하는 것 모두를
그대의 세상 안에 나타나게 할 수 있다.

> 내 아버지가 그를 끌어오지 않는다면
> 어떤 사람(현현)도 내게 오지 않는다.
> 나와 나의 아버지는 하나이니

["나를 보내신 나의 아버지가 아니고서는, 그 누구도 나에게 오지 않더라. 그래서 나는 마지막 날에 그를 일으킬 것이다." 요한복음 6:44, "그것들을 나에게 주신 나의 아버지, 그분은 모든 것보다 더 위대하니, 나의 아버지의 손에서 그것들을 뽑아낼 수 있는 이는 아무도 없더라. 나와 나의 아버지는 하나이다." 요한복음 10:29, 30]

> 그대는 언제나,
> 자신이라 인식하는 것을 자신에게 끌어오는 중이다.
> 노예라는 관념에서 벗어나
> 그대가 그리스도라는 것을 받아들여라.

"나는(I AM) 그리스도이다"라고 주장하는 것에
머뭇거리지 말라. 오직 그렇게 주장할 때만,
그대는 그리스도의 일을 할 것이다.

내가 하는 일을 또한 그대가 할 것이고
그보다 더 위대한 일도 그대가 하게 될 것이라.
왜냐하면 내가 내 아버지께로 가기 때문이라.

[진실로, 진실로, 내가 그대에게 말하니, 나를 믿는 자는, 내가 하는 일을 그 또한 할 것이고, 이것보다 더 위대한 일을 그가 할 것이다. 왜냐하면 나는 아버지에게로 가기 때문이다. 요한복음 14:12]

그는 자신을 하느님과 동등하게 만들었고,
그것이 하느님의 일을 하는 것에 대해
강도짓이라 여기지 않았더라.

[빌립보서 2:6]

'내가 그리스도이다'라는 담대한 주장을 하는 자만이
자연스럽게 그리스도로서의 일을 할 수 있는 능력을
갖추게 된다는 것을 예수는 알고 있었다.
또한 예수는 자신만이 이런 능력을 갖춘 것이 아님을 알았다.
그는 계속해서 하늘나라에 계신 아버지에 관해 언급한다.
예수는 자신이 했던 일은 그 누구라도 할 수 있으며
자신이 품었던 관념보다 더 위대한 관념을 담대히 품는 자는
그보다 더 위대한 일을 할 것이라 했다.

'나와 나의 아버지는 하나이나,
나의 아버지는 나보다 더 위대하다'고 말했던 예수는,
'나라고 인식한 것'과 하나인
'나의 인식(아버지awareness)'을 표현하고자 했던 것이다.
예수는 지금 자신이라 인식한 것보다
더 위대한 인식(아버지)이 바로 자신임을 깨닫게 되었다.

    그대와 그대 자신에 대한 관념은 하나이다.

이제껏 품었던 자신에 대한 어떤 관념보다 그대는 위대하다.
그리고 그대는 앞으로도 계속해서
더 위대한 존재로 영원히 남을 것이다.
인간은 현재 의식의 차원에서 어떤 일들을 성취하려 하기에
예수 그리스도의 일을 하지 못한다.

    그대의 희생과 투쟁으로는,
    결코 그대 현재능력을 넘어설 수 없다.
    현재의 상태를 놓아버리고
    더 높은 상태까지 올라서지 않는 한
현재의식의 수준을 결코 넘어서지 못할 것이다.

현재의 한계로부터 벗어나서
그대의 시선을 소망하는 곳에 두어,
의식의 더 높은 상태까지 올라서라.
이것을 단순한 백일몽이나 단지 소망하는 정도에
그치지 말고, 현실과 같은 느낌이 날 정도까지 하라.
그대는 이미 그대가 원하던 모습이라고 주장하라.
나는 그것이다(I AM that)

어떤 희생제물도, 음식도,
인간적인 잔재주도 필요치 않고,
오직 그대에게 요구되는 단 한 가지는
그대의 욕망을 받아들이라는 것이다.
담대히 그것을 주장한다면 모습을 드러낼 것이다.
다음 말에 대해 숙고해보라.

나는 인간의 희생제물을 좋아하지 않노라.
권능으로도 아니요, 힘으로도 아니요,
오직 나의 영에 의해서이더라.

[스가랴서 4:6]

요청하라 그러면 그대는 받을 것이라.

[마태복음 7:7, 마태복음 21:22, 마가복음 11:24,
누가복음 11:9, 요한복음 15:7, 요한복음 16:24]

돈을 치르지 말고 와서, 먹고 마시라.

[누가복음 12:19]

일은 끝났다.
이런 성질들이 형체를 취하는 데에 필요한 것은
'나는 그것이다(I AM that)'라는 선포다.
이미 원하는 모습이 되었다고 주장하라.

모양과 형체는 각인된 인상을 쫓아 생겨날 뿐,
인상이 각인되기 전에 형체가 주어지지 않는다.
그대의 존재로 주장한 것을 쫓아
그대 존재의 증거가 주어질 뿐,
주장에 앞서 증거가 주어지지 않는다.

모든 것을 떠나보내고, 나를 따르라.

이 말은 그대에게 내리는 두 가지의 명령이다.
우선 모든 문제로부터 등을 돌리라는 명령이고,
그런 후에 나는 이미 원하는 존재가 되었다는 주장 속에서
계속 걸어 나가라는 명령이다.

        뒤를 돌아보아 소금이 되었던,
        죽은 과거 속, '롯의 아내'가 되지 말고,
        뒤를 돌아보지 않고 약속된 땅을 향했던,
        곧 원하는 것을 향해 시선을 고정시켰던 '롯'이 되라.

이때 비로소 그대는 "나는 그것이다(I AM that)"라는 명령을 통해
보이지 않는 것을 보이게끔 만드는
마스터 마법사라는 주인을 발견했음을 알게 될 것이다.

05

WHO AM I?
나는 누구인가?

허나 그대는 나를(I AM) 무엇이라 말하는가?

[마태복음 16:15]

나는(I AM) 주이고, 그것은 나의 이름이라.
그리고 나는 나의 영광을 다른 이에게 주지 않으리라.

[이사야 42:8]

나는 주요, 모든 육신들의 하느님이라.

[예레미야 32:27]

이 글을 읽는 그대의 내부에 있는 I AM인
'인식'이자 '존재의 의식'은
주이며 모든 육신의 하느님이다.

나는(I AM) 오게 될 그이니, 다른 이를 찾지 말라.

그대와 하느님이 분리되었다고 믿는다면
그대는 생각의 창조자란 사실을 잊은 채
창조의 힘을 그대의 관념에 계속 부여할 것이다.

생각을 창조하는 권능(The power conceiving)과
창조된 생각(thing conceived)은 하나이나,
생각을 창조하는 권능은
그 창조된 생각보다 더 위대하다.

예수가 "나와 나의 아버지는 하나이나,
나의 아버지는 나보다 더 위대하다" [요한복음 10:29, 30]
라는 선언을 했을 때,
위와 같은 영광된 진리를 발견했던 것이다.
스스로를 인간이라 생각한 권능은
그 생각보다 위대한 것이니,
모든 생각들은 생각하는 자가 스스로를 제한한 것이다.

**아브라함이 있기도 전에
나는 존재한다(I AM).**

[요한복음 8:58]

세상이 있기도 전에
나는 존재한다(I AM).

의식은 세상 모든 것들이 있기도 전에 존재하며
그것들을 지탱하게 하는 버팀목이다.
바깥세상으로 현현된 것이 사라지게 하기 위해서
그대가 해야 할 일은 단지
그것에서 의식을 제거하는 것이다.

진리는
"눈에서 멀어지면, 마음에서 멀어진다"가 아닌,
"마음에서 멀어지면, 눈에서 멀어진다"이다.

모습을 드러낸 것은
생각하는 자-I AM-가 부여한 힘을 계속해서 취할 때에만
시야에 존재하게 될 뿐이다.
이 진리는 극소의 미립자부터
끝도 없이 거대한 우주에 이르기까지 적용된다.

고요하라. 그리고 알라.
내가 하느님임을.

[시편 46:10]

그렇다.
그대 '존재의 인식', 즉 I AM은
하느님이자 유일한 신이다.
I AM은 주이자 모든 육신들의 하느님이며
모든 현현된 것의 하느님이다.
모든 조건에서 벗어난 그대의 인식, 즉 이러한 현존은

시작도 끝도 없으니,
한계란 오직 외부에 현현된 것에만 존재할 뿐이다.

이 인식이 그대 불멸의 자아임을 깨닫기 시작할 때에야
비로소 그대는
"아브라함이 있기도 전에 나는 존재한다(I AM)"라는 뜻을
이해하게 될 것이다.

그대도 가서 이와 같은 일을 하라.

[누가복음 10:37]

예수가 왜 이렇게 말했는지를 이해하라.
이제 유일한 실체로서의 이 현존,
즉 그대의 인식이 그대자신이라 여기라.
모든 현현들은 단지 존재하는 듯 보일 뿐,
오직 불멸의 자아인 **I AM**이 스스로를 무엇이라 믿는지,
그것 외에는 인간인 그대에게 어떤 실체도 존재하지 않는다.

그대는 나를(I AM) 무엇이라 말하는가?

이것은 2천 년 전에 던져진 질문이 아니다.
현현되어 나타난 것들에게 던진 생각하는 자의 물음이다.
진정한 자아인 '존재의 의식'이
현재 관념인 그대에게 던지는
"그대는 그대의 인식이 무엇이라 믿는가?"라는 질문이다.

그 답은 다른 것에 의해 얻어질 수 없고,
오직 자신의 내부에서만 정의될 수 있다.
I AM(그대의 진정한 자아)은
다른 사람들의 그 어떤 의견에도 관심이 없다.
진정한 자아의 유일한 관심은
오직 그대가 어떤 확신에 서 있냐는 것이다.
그대는 그대의 I AM을 무엇이라 말하는가?

"나는(I AM) 그리스도이다"라고 대답할 수 있는가?

그대의 대답, 즉 그대의 이해의 정도는
그대가 삶에서 어떤 위치를 차지하게 될 것인지를 결정한다.
그대가 어떤 인종이며 어떤 국가의 국민이라고 말하고, 믿는가?
정말로 그대가 그런 존재라고 믿는가?

만약 그대가 진실로 이렇게 믿는다면
그대의 진정한 자아는 이런 관념들을
그대의 세상 안에 창조할 것이고
마치 그것들이 정말 자신의 진정한 현실인 듯
그것들과 함께 살 것이다.

나는(I AM) 문이라. [요한복음 10:9]
나는(I AM) 길이라. [요한복음 14:6]
나는(I AM) 부활이요, 생명이라. [요한복음 11:25]

그 누구도(현현도) 나를 통하지 않고는
아버지께로 갈 수 없더라.

[나는 길이요, 진리요, 생명이라. 그 누구도 나를 거치지 않고는 아버지께로 갈 수 없더라. 요한복음 14:6]

I AM(그대의 의식)은 그대의 세상으로 들어오는
유일한 문이다.
기적을 찾지 말라.
기적은 의식에 뒤따라올 뿐 그것에 앞서 가지 않는다.

"보는 것이 믿는 것이다"라는 말을 뒤집어서
"믿는 것이 보는 것이다"로 바꾸기 시작하라.

현혹하는 세상의 증거에 시선을 뺏긴
'흔들리는 믿음'이 아니라
소망하는 어떤 존재도 될 수 있다는, '불멸의 법칙'에 기반을 둔
'그 무엇에도 꺾이지 않는 믿음'을 간직한 채,
믿기 시작하라.

그대는 운명의 피해자가 아닌,
단지 (그대자신에 대한) 믿음의 피해자였음을 깨닫게 될 것이다.
그대가 구하고자 하는 것은
오직 하나의 문을 통해서만 바깥세상으로 들어올 수 있다.

나는(I AM) 문이다

그대의 의식이 문이기에,
그대는 이미 소망하는 모습이 되었다는 것을 인식하고,
갖고자 하는 것을 이미 가졌다고 인식해야만 한다.
의식의 문을 통하지 않고 욕망을 실현시키고자 하는

그대의 인간적 투쟁은
그대를, 자신의 것을 스스로 훔치는 도둑과 강도로 만든다.

어떤 것이라도 그것을 그대가 느낄 수 없다면
그것은 자연스럽지 못한 것이다.
그대가 원하는 것은 무엇이든 외부에 나타나기 전에
I AM인 하느님이 자신을 그것으로 느낀다.
그리고 그렇게 느껴진 것은 외부에 모습을 드러낸다.
이것이 부활이고 무(無, nothingness)에서의 창조이다.

나는(I AM) 부자다. 혹은 가난하다.
나는(I AM) 건강하다. 혹은 병약하다.
나는(I AM) 자유롭다. 혹은 구속된다.

이런 인식들은 그것들이 눈에 보이기 전에 선행한다.
그대의 세상은 바로
객관화된 그대의 의식(your consciousness objectified)이다.

바깥세상을 바꾸려 노력하지 말고
인상이 각인되는 자신의 내부를 바꾸라.

그러면 외부라는 세상에 모습을 드러낸 것들은
스스로를 돌볼 것이다.

이 진리가 그대 안에서 여명을 비추기 시작할 때
모든 문을 열 수 있는 열쇠인
'잃어버린 말씀'을 발견했다는 것을 알게 될 것이다.
I AM(그대의 의식)이 바로
그대가 자신으로 인식한 모습 그대로
육신의 옷을 입히는 '잃어버린 마법의 말씀'이다.

나는 그이다(I AM He)

바로 지금,
나는 나의 살아있는 사원인, 이 글을 읽는 그대를
나의 현존으로 덮쳐 그대의 빛을 앗아가고
그대에게 새로운 현현을 위한 충동을 줄 것이다.

그대의 욕망은 나의 말씀이다.

나의 말씀은 영이고, 진실이며

헛되이 되돌아오지 않을 것이니
그것들이 보내진 곳에서 이루어질 것이다.
[나의 입에서 나간 말씀도 그러할지니, 그것은 내가 그것들을 보낸 것 안에서 번성할지라. 이사야 55:11]

말씀이 이루어지는 데에 실패는 없을 것이다.
'얼굴도 없고 형체도 없는 그대의 자아'인 나는
그 말씀의 옷을 입고 있다.

보라!
나, 곧 그대의 욕망이란 옷을 입은 나는
문 앞에 서서 문을 두드린다.

그대가 나의 목소리를 듣고
나에게 문을 연다면 (즉, 나를 그대의 구세주로 인식한다면)
나는 그대에게 들어가 그대와 함께 식사를 하고
그대도 나와 함께 즐거워할 것이다.
[보라! 나는 문 앞에 서서 문을 두드린다. 누군가 나의 목소리를 듣고 문을 연다면, 나는 그에게 들어갈 것이고, 그와 함께 저녁을 먹고 그는 나와 저녁을 먹노라. 요한계시록 3:20]

나의 말씀이, 곧 그대의 욕망이
어떻게 현실이 될 것인지는
그대가 관심을 두어야 할 곳이 아니다.

      나의 말씀은 그대가 모르는 길을 갖고 있다.

그 길은 우리의 이해를 넘어서 있으니
필요한 것은 오직 믿는 것뿐이다.
그대의 욕망들을 그대의 구세주가 입는 의복으로 믿어라.
그대가 소망하는 존재가 되었다는 믿음은
내가 주는 삶의 선물을 그대가 받아들였다는 증거이다.
이 믿음을 확고히 했을 때에야 비로소 그대는
욕망이라는 의복을 걸친 주를 들여보내기 위해
문을 활짝 연 것이다.

      그대가 기도할 때 이미 받았다 믿으라.
      그러면 그렇게 될지니. [마가복음 11:24]

      믿는 자에게는 모든 것이 가능하다.

[마가복음 9:23]

그대의 믿음으로 불가능한 것을 가능하게 만들라.
그러면 (다른 이들에게는) 불가능한 것처럼 보이던 것이
그대의 세상에서는 이루어질 것이다.
사람들 모두 '믿음의 힘'에 대한 증거를 가진다.
산을 옮기는 믿음은 그대자신에 대한 믿음이다.

   자신을 믿지 않는 자는 또한 신에 대한 믿음을 갖지 못한다.

자신을 얼마나 믿는가를 보면
그대가 하느님을 얼마나 믿는지를 알 수 있다.

> "나와 나의 아버지는 하나이라."

다시 말해, 인간과 그의 하느님은 하나이고,
의식과 그 현현은 하나이다.
그리고 하느님이 말씀하시되,

> 물 한 가운데에 창공(firmament)이 있게 하라.
>
> [창세기 1:6]

모든 의심과 다른 이들의 요동치는 견해들 한 가운데에
믿음의 견고함(firmness), 즉 확신을 지켜라.
그렇게 한다면 그대는 그대의 믿음이 단단하게 굳어진
메마른 땅을 보게 될 것이다.
끝까지 감내한 자에게 보상은 주어진다.
[하지만 끝까지 인내한 자는 구원될 것이라. 마태복음 24:13]

> 믿음이 흔들리는 것이라면
> 그것을 믿음이라 말할 수 없다.

그대의 욕망은 구름과 같기에
그곳에 믿음이 없다면 비는 내리지 않는다.

어떤 조건도 지워지지 않은 인식인 I AM은,
어떤 남자도 몰랐지만
수태를 하고 아들을 낳은 성처녀 마리아다.
마리아로 표현된
'어떤 조건도 지워지지 않은 의식(역주: 순결한 의식)'은
욕망을 가졌고, 그래서 세상에 드러내고 싶은
어떤 특정한 조건으로 자신을 인식하게 되었다.

그리고는 그 누구도 모르는 방법으로 그런 모습이 되었다.

그대도 가서 이와 같은 일을 하라.
소망하는 모습, 그 모습이 된 의식을
그대의 것으로 취하라.
그러면 그대 역시, 그대의 구세주에게 생명을 불어넣을 것이다.

성수태고지(역주: 천사 미카엘이 마리아의 임신을 알린 것)가
마리아에게 주어졌을 때,
다시 말해 그대에게 하나의 충동과 욕망이 주어졌을 때,
그대를 통해 형체를 얻기 원하는 하느님의 말씀으로 여기라.

가라.
그러나 그대가 임신을 했다는
이 '성스러운 사실'을 그 누구에게도 알리지 말라.
그대 안에 비밀을 잠그고,
주를 찬양하라. (역주: magnify '크게 하라'는 뜻)
바꿔 말하면 그대의 욕망을,
'그대와 함께 하기 위해 오시는 그대의 구세주'란 사실을 믿고
찬양하라.

그대의 욕망인 나는 그대가 모르는 길을 갖고 있고
그 누구도 나의 길을 이해할 수 없더라.
욕망은 씨앗에 비유될 수 있으니,
씨앗이란 그것 안에
스스로를 펼쳐낼 힘과 계획을 담고 있기 때문이다.
그리고 의식은 그 씨앗을 품고 있는 토양이다.

원하는 모습이 되었다고 주장하라.
갖기 원하는 것을 가졌다고 주장하라.
그런 후에 믿음을 지니고
근심에서 벗어나 결과를 기다릴 때에만
이런 씨앗들을 토양에 심을 수 있다.
의식 안에서 나의 욕망이 자연스럽게 펼쳐지는 곳까지
들려질 때에만 나는 내 안으로 현현들을
자연스럽게 끌어올 것이다.

의식은 생명이 스스로를 드러내는 문이다.
그것은 항상 스스로를 바깥세상에 나타내고 있다.
내가 어떤 존재라 인식하고,
어떤 것을 가졌다고 인식하는 것은

그렇게 인식한 것 그대로,
모습이 되어 나타나고 소유하게 된다.
그러니 그대의 욕망이 성취된 곳까지 자신을 들어 올리라.
그러면 그때 그대는 자동적으로 그대의 의식이
그것 스스로를 외부에 그려내는 것을 보게 될 것이다.
이것을 위해 현재 자신과 동일시한 모든 것들을
거부해야만 한다.

그가 <u>스스로</u>를 거부하게 하라.

[마가복음 8:34]

어떤 것 위에 놓인 그대의 의식을 그곳에서 제거함으로써
그것을 거부할 수 있다.
무언가를 내려놓기 위해, 혹은 문제를 내려놓기 위해,
혹은 에고를 내려놓기 위해 그대는
I AM이라는 하느님 위에 거한다.

고요하라, 그리고 알라.
그대가 하느님임을.

[시편 46:10]

I AM을 믿고 느끼라.
그렇게 그대 안의 자아,
즉 그대 '존재의 의식'이 하느님인 것을 알라.
눈을 감고 그대가 '얼굴도 형체도 없는 존재'임을 느끼라.

세상에서 가장 쉬운 일을 하는 것처럼
이 고요함에 다가가라.
이런 마음가짐이 그대의 성공을 보장할 것이다.
이제 그대가 I AM이라는 느낌에 흠뻑 빠져들어
문제나 자신에 대한 관념에서 벗어나
그것들 모두를 의식에서 놓아버렸다면
이제 원하는 모습이 되었다고 느끼기 시작하라.

I AM that I AM

(나는 나라고 인식한 존재이다)

그대의 느낌이 어느 정도의 강렬한 상태를 취하게 되어
자신을 실제 새로운 존재로 느끼게 된다면
이 새로운 느낌이라는 의식은 확고히 확립된 것이니
때가 되었을 때 현실세계 안에 모습을 드러낼 것이다.

여태껏 그대가 받아들인 것들이
지금여기 자연스레 모습을 드러냈던 것처럼,
새로운 그대의 인식 역시, 장차 모습을 드러낼 것이다.

하나의 의식상태를 자연스럽게 외부에 드러내기 위해서는
그 의식 속에 거하고 살아야 한다.
그것과 하나가 됨으로써 그것을 가져라.
무언가를 강렬하게 느낀 후에
확신에 차서 그대로 놔둔다면
그대의 세상 안에서 나타나게 만드는 것이다.

나는 나의 망대 위에 서서[하박국 2:1]
주의 구원을 보리라[역대기하 20:17]

그것이 이미 그렇게 되었다는 확신을 지닌 채
나의 느낌 위에 확고히 서 있을 것이다.
그리고 나의 욕망이 현실이 된 것을 볼 것이다.

**하늘나라에서 주어지지 않는다면
어떤 것도 받을 수 없으리라.** [요한복음 3:27]

기억하라.
하늘나라는 그대의 의식이고,
하늘나라의 왕국은 그대 안에 있다.

왜 성서에서는
그대가 누군가를 아버지로 부르는 것에 대해 경고했는지
이제 이해했을 것이다.
그대의 의식은 그대의 모든 모습들의 아버지이다.
성서에서는 또 이렇게 말한다.

큰 길 위의 누구에게도 경배하지 말라 [누가복음 10:4]

세상 그 누구라도 권위를 가진 자로 보지 말라.
그대의 세상은, 그것의 세세한 부분에 이르기까지
모두 수태가 이루어지는 유일한 중추인,
'그대' 안에서 생겨났고
그대에 의해서만 유지된다는 것을 깨달았다면
어떤 한 인간에게 창조의 허락을 구하려 하지 않을 것이다.
그대의 세상 전부는, '형체도 얼굴도 없는 존재'인 I AM에 의해
투영된 믿음과 그것이 받아들인 것을 비추어주는

단단하게 굳어진 공간과 같다.
그 모두를 본래의 물질 상태로 환원시켜라.
그러면 그 무엇도 남지 않고 오직 그대, 바로
'차원도 초월해 있는 현존'인 '생각하는 자'만이 남게 될 것이다.

'생각하는 자'는 그 상태들과는 별개로 떨어져 있는
하나의 법칙이다.
그 법칙의 영향아래 놓인 관념들은
과거의 업적에 의해 수정되거나
현재의 능력에 의해 바뀌지 않는다.
왜냐하면 생각을 취하지 않는다면, 그 관념은
인간에게 알려져 있지 않은 방법으로
스스로의 모습을 그대로 나타낼 뿐이기 때문이다.

비밀리에 내부로 들어가서 새로운 의식을 취하라.
그리고 그대자신이 이미 그런 존재가 되었다고 느껴라.
그러면 이전의 한계들은 어떤 흔적도 남기지 않고
한 여름날의 눈처럼 쉽사리 녹아버릴 것이다.
그때가 되면 그것들이 원래 이 새로운 의식의 일부가 아닌 듯,
심지어는 기억조차 못할 것이다.

그대는 반드시 다시 태어나야만 하더라.

[요한복음 3:7]

예수가 니고데모에게 했던 이 말 속의 '거듭 태어남'은
의식이 한 상태에서 다른 상태로 태어나는 것을 말한 것이다.

그대가 나의 이름으로 구하는 것은 무엇이든,
내가 하리라.

[요한복음 14:13]

하느님 혹은 예수 그리스도의 이름을 큰소리로 외쳤던
수백만의 사람들이 원하던 결과를 얻지 못한 것을 보면
위의 성경구절이 뜻하는 것은
소리를 내며 하느님이나 예수 그리스도를 찾으라는 것이
아님은 확실하다.
그대자신을 어떤 존재로 느낀다면
예수 그리스도의 이름으로 구하는 것이다.

IAM은 이름이 없는 존재이다.
그대가 부유하다 느낀다면

예수 그리스도의 이름으로 부를 요구하는 것이다.
IAM은 조건 지워지지 않은 것이다.
부자도 아니고 가난하지도 않으며 강하거나 약하지도 않다.

그 안에는
그리스인도 유대인도 없고, 속박도 자유도, 남자도 여자도 없다.
속박과 자유, 남자와 여자 이런 것들은
한계 없는 것이 모든 관념들로,
모든 한계들로 나타난 것이다.

그렇기에 이름 없는 것의 이름이다.
그대자신을 어떤 존재로 느낀다면
이름 없는 존재인 IAM에게 어떤 이름이나 성질을
나타내라고 요구하는 것이다.

    소망하는 것의 본성을 취함으로써,
    그대가 나의 이름으로 구하는 것은 무엇이든,
    내가 그것을 그대에게 주리라.

06

I AM HE
나는 그이다

그대가 나의 존재(I AM)를 믿지 않는다면,
그대는 그대의 죄 안에서 죽음을 맞이하리라.

[요한복음 8:24]

모든 것들은 그에 의해서 지어졌고, 그가 아니었다면 지어진 것 중
어떤 것도 지어지지 않았다.

[요한복음 1:3]

다양한 전통적 신학 체계에서 교육받은 이들이라면
다음의 이야기를 받아들이기 힘들겠지만,
성서에는 이렇게 기록되어 있다.

> 선한 것, 악한 것, 선한 것도 악한 것도 아닌 것,
> 이 모두를 하느님이 창조했다.

> 하느님은 인간(현현)을 자신의 형상으로 만드셨고,
> 하느님의 모습으로 그를 만드셨다.
>
> [창세기 1:27]

성서에는 이들을 더욱 혼란스럽게 만드는 이야기가
또 기록되어 있다.

> 그리고 하느님이 보았으니,
> 그가 창조한 것들이 좋아 보이더라(선한 것으로 보이더라)
>
> [창세기 1:25]

이런 모순된 것처럼 보이는 문장들을 보면서
어떻게 일관되게 해석할 수 있는가?
선한 것, 악한 것, 그 모두를 다 하느님이 창조했다고 배웠지만,
우리는 또 어떻게 이 모든 것들을 좋은 것이라 할 수 있는가?
이것은 아마도 우리가 하느님에 대해 잘못 이해한 것이거나
아니면 인류의 가르침에 근본적인 오류가 있는 것이다.

순수한 자에게는 모든 것이 순수하다.

[디도서 1:15]

이것은 그대를 혼란케 만드는, 또 하나의 문장이다.
선한 자들, 순수한 자들, 신성한 자들,
이들 모두 악한 것들을 받아들이지 않은 위대한 자들이다.

앞에 문장을
"그리스도 안에서는 어떤 비난도 없다"
[예수 그리스도 안에 있는 자, 육신이 아닌 영을 쫓아 걷는 자에게는 이제
어떤 비난도 없다. 로마서 8:1]
라는 문장과 연결해보면,
그대는 세상의 모습에 대한 스스로의 판단으로 이루어진

'넘어설 수 없는 벽'을 발견하게 될 것이다.
맹목적으로 그림자만을 바꾸고 파괴하는
독단적인 사람들에게는 저 글이 아무런 의미도 없다.
그들은 자신들이 세상을 발전시키고 있다는
확고한 믿음만을 계속 견지한다.
자신의 세상이란 의식이 밖으로 그려져 나온 것,
이 사실을 이해하지 못한 자는
다른 이들의 의견에 맞추려 헛된 노력을 한다.

그러나 우리는 존재하는 유일한 판단인,
자신에 대한 스스로의 판단에 맞춰야 한다.
예수가 자신의 의식이
'자신이 만들고 있는 세상'을 다스리는 경이로운 법칙임을
깨달았을 때 이렇게 외쳤다.

> 그리고 진리를 통해 그들을 성스럽게 하기 위하여
> 이제 나는 나 자신을 성스럽게 만드노라.

["그래서 그들을 위하여 나는 나 자신을 성스럽게 만드니, 그들 또한 진리를 통해 성스럽게 될지어다." 요한복음 17:19]

예수는 의식이 유일한 실체라는 것과,
바깥 세상에 나타난 것들은
각기 다른 의식의 표현일 뿐이란 것을 알게 되었다.
그리하여 자신을 따르는 자들에게,
먼저 하늘나라의 왕국(원하는 것을 만들어낼 의식의 상태)을 구하면
모든 것들이 그것에 더해질 것이라고 알렸다.
또한 "나는(I AM) 진리이다"라고 말했다.
예수는 자신의 세상에서 보이는 모든 것의 원인이나 실체는
인간의 의식이란 것을 알았다.
또 세상이 인간의 모습으로 만들어졌다는 것을 깨달았다.
요컨대, 내가 갖고 있는 나 자신에 대한 관념이
세상이 어떤 모습으로 나에게 보이는지를 결정한다.

만물은 하느님(의식)에 의해 지어졌다.
그분이 없었다면 지어진 것 중 어떤 것도
지어지지 않았기 때문이다.

그리고 창조는 좋은 것, 아주 좋은 것이라 여겨졌는데
그 이유는 창조물을 만든 의식의 모습 그대로,
완벽하게 창조가 이루어지기 때문이다.

자신을 어떤 모습으로 인식했는데,
다른 모습으로 세상에 나타났다면
존재의 법칙과는 어긋나는 것이기에,
결코 좋은 것이라 불리지 않을 것이다.
존재의 법칙은 결코 어길 수 없는 것이고
인간은 자신이라 인식하는 모습만을 영원히
그대로 보게 될 것이다.
그렇게 창조된 모습이 좋은 것이든, 나쁜 것이든,
아니면 그도 저도 아닌 것이든, 그것은 자신에 대한
관념의 형태를 완벽히 그대로 표현한 것이기에
좋은 것, 아주 좋은 것이다.
모든 것은 하느님에 의해 지어졌을 뿐 아니라
우리 모두는 하느님의 자손이다.

하느님은 한 분이시니

형체를 취한 것들 혹은 분화되어 나타난 것들은 모두
그 하나가 투영된 것이다.
하느님은 자신에게
마치 어떤 다른 존재가 되라는 듯 명령했지만,

실은 세상 어디에도 하느님이 아닌 존재는 없다.

절대적인 것은
그 안에 자신 이외의 것을 가질 수는 없다.

만약 자신 이외의 것을 지닌다면 그것은
더 이상 유일자, 절대자라 불리지 못할 것이다.
효력 있는 명령은 자신에게 해야만 한다.

"I AM that I AM"

(나는 나라고 인식하는 존재이다)

이것이 효과 있는 유일한 명령이다.

나는(I AM) 주이고 나 외에는 그 무엇도 없다.

그대는 그대가 아닌 것을 명령할 수 없다.
그대 외에는 그 무엇도 없기에,
그대는 그대 자신에게 원하는 모습이 되라고
명령을 해야만 한다.

효력 있는 명령의 뜻을 명확하게 만들어보자.
그것은 앵무새처럼
"I AM that I AM(나는 나라고 인식한 존재이다)"이라고
반복해 말하는 것이 아니며,
오히려 그런 공허한 반복만을 하는 것은
어리석고 무익할 것이다.
그 명령을 살아있는 것으로 만드는 것은
말이 아닌 그것이 되었다는 인식이다.

그대가 "나는(I AM)"이라 말할 때면
자신의 존재를 선언하는 것이다.
"I AM that I AM(나는 나라고 인식한 존재이다)"이란 문장 안의 말은
그대가 앞으로 어떤 존재가 될지를 나타낸다.
그 문장의 두 번째 "I AM"은 승리의 외침이다.
이 드라마 전체는 말들이 사용되든 사용하지 않든
내부에서 일어난다.

고요하라. 그리고 그대 자신을 알라.

그대는 관찰하는 자를 관찰함으로써

이 고요함을 얻을 수 있다.

"I AM - I AM."

말이 아닌 느낌으로 반복하라.
그래서 그대가 세상에 대한 인식을 모두 떠나보내고
단지 존재로서 자신을 인식할 때까지 계속하라.

그대의 존재를 아는 것, 즉 인식은 전능한 하느님이자 I AM이다.
이 상태에 도달한 후에 그대가 원하는 것이 되었다(I AM that) 느껴,
자신을 그 모습으로 규정지으라.
그대가 원하는 모습이 되었다는 인식은
그대의 온 몸을 관통해 짜릿함이 흐르게 만들 것이다.

확신이 견고히 세워져
진정 원하는 모습이 되었다 믿게 되었을 때
승리의 함성으로 두 번째 "I AM"은 외쳐진다.
이런 모세의 신비적 계시는
명확하게 구분되는 다음의 세 단계로 나타난다.

I AM   (역주 : 형체 이전의 현존함)
I AM free   (역주 : 나는 자유롭다고 느낌)
I really AM!   (역주 : 현실에서 실제로 그렇게 되었다는 확신)

이 선언은 그대가 어떤 상황에 처해 있는지를 관여치 않는다.
만물은 주가 오시는 길을 열어준다.
나는(I AM) 주이기에
내가 나라고 인식하는 모습이 되어 나타난다.
이 땅의 누구도 내가 다가오는 것을 막을 수도,
내가(I AM) 나로(I AM) 인식한 모습이 되는 것에 대해
나의 권위를 의심하지도 못한다.

나는(I AM) 세상의 빛이더라

[요한복음 8:12]

그 빛은 나 자신에 대한 관념의 형체로 굳어진다.
의식은 불멸의 빛이고,
오직 자신에 대한 관념이란 통로를 통해서만
세상 속에 단단한 형체로 굳어진다.

그대 자신에 대한 관념을 변화시킬 수만 있다면
자연히 그대가 살고 있는 세상 역시 변화될 것이다.
그대와 마주한 이를 변화시키려고 투쟁하지 말라.
그들은 그대가 누구인지를 말해주는 메신저일 뿐이다.

그대 자신을 새롭게 평가하라.

그 새롭게 내려진 가치는 내부에서 일어난 변화를
바깥세상에서 확인시켜 줄 것이다.

이제 그대는 왜 예수가 다른 이들을 신성하게 하는 대신
자신을 신성하게 만들었는지,
왜 순수한 자에게는 모든 것들이 순수한지,
왜 예수 그리스도(깨어난 의식) 안에서는
비난이란 존재하지 않는지를 깨달았을 것이다.

비난의 잠에서 깨어나 생명의 원리를 나타내라.

다른 이들에 대한 그대의 비판뿐 아니라,
그대 자신에 대한 비난 역시 거두라.

내가 주 예수 안에서 알고 또 확신하는 것은 그 무엇도
그 자체가 부정한 것은 없으나
어떤 것을 부정하다고 생각하는 그 사람에게는 부정한 것이라.

[로마서 14:14]

자신이 하는 일에서 자신을 비난하지 않는 자는
복이 있더라

["그가 하는 일에서 자신을 비난하지 않는 자는 복이 있더라.", 로마서 14:22]

그대는 그대가 원하는 모습이 될 자격이 있는지에 대해
스스로에게 자문하던 것을 멈추라.
그대가 그대자신을 비난할 때만
세상이 그대를 비난할 수 있다.
그대가 무언가를 애써서 이룰 필요는 없다.
그 일들은 이미 끝마쳐져 있다.
만물이 생성되는 원리, 그리고
이것이 없다면 지어진 것 중 어떤 것도 지어지지 않았을 원리,
이것은 영원하다. 그대가 바로 이 원리이다.
그대 '존재의 인식'은 영원한 세월 속에서 영속하는 법칙이다.

자신의 모습으로 인식하지 않았던 모습이 되어
나타난 적은 없었고, 앞으로도 영원히 그럴 것이다.
세상에 나타내고 싶은 것의 의식을 자신의 것으로 취하라.
그리고 자연스러운 부분으로 인식할 때까지 계속 주장하라.
자연스러운 그대의 한 부분으로 자리 잡을 때까지 느끼고
그 느낌 안에서 살라.

여기 간단한 공식이 있다.

현재 그대자신에 대한 관념에서 그대의 의식을 제거하고
이전에는 할 수 없다 여겼던 이상에 두어라.
그리고 그대가 그 이상이 되었다고 주장하라.

> 앞으로 그렇게 될 것이라는 주장이 아닌,
> 지금 이 순간 그렇다고 주장하라.

이것으로, 잿더미에서 다시 솟아오르는 불사조처럼
그대자신에 대한 새로운 선언도 다시 솟아오를 때
지금 그대의 한계로 덮인 세상은
분해되어 버릴 것이다.

이 무리들이 많다하여
두려움을 가지거나 당황하지 말라.
이 전쟁은 그대들의 것이 아닌,
하느님의 것이기 때문이라

[역대기하 20:15]

그대가 문제를 인식하는 한
그것은 계속 살아있을 것이기 때문에
그것과 맞서 싸우지 말라.
단지 그대의 문제, 그리고
그대가 이상을 실현하지 못하는 수많은 이유들에서
의식을 거두라.
오로지 바라는 것에만 집중하라.

모든 것을 떠나보내고 나를 따르라.

그대에게 보이는 것은 산 같은 장애뿐일지라도
그대가 자유롭다 주장하라.
자유롭다는 의식은 현실의 자유를 낳는 아버지이다.
그것은 그 누구도 알지 못하는

스스로를 펼쳐낼 방법을 갖고 있다.

그대는 이 싸움에서 싸울 필요가 없느니라.
그대자신을 준비하고, 고요히 서라.
그리고 그대와 함께 하는 주의 구원을 보라
[역대기하 20:17]

"나는(I AM) 주이더라."

나는(I AM(그대의 의식)) 주이다.
그것이 이루어졌다, 혹은 그 일이 끝났다는 의식은
그로 인해 펼쳐질 상황들의 주인이다.
다음의 약속을 주의 깊게 들으라.

그대는 이 싸움에서 싸울 필요가 없으리라.
그대자신을 가다듬고, 고요함을 유지하라.
그리고 보라.

그대와 함께 하는 주의 구원을.
[역대기하 20:17]

그대와 함께 하는!
그대와 하나가 된 특정한 의식상태가 바로
그대와 함께 하는 주이다.
그는 땅에서 함께 한 것, 즉 뜻을 같이 한 것을
그 누구의 도움도 없이 세울 것이다.
그대는 그 뜻이 이루어질 수 없다고 말하는
수많은 세상의 이유에도 불구하고 흔들리지 않는
'이루어졌다는 주(의식)'와 함께 할 수 있는가?

그대는 주가 그대의 인식이란 것을 깨달았기에
이 싸움이 시작되기도 전에 승리했다고 인식할 수 있는가?
적이 얼마나 가까이에 있든,
혹은 얼마나 위협적이든 개의치 않고,
승리가 그대의 것이란 알면서
고요하게 그대의 믿음을 계속 유지할 수 있는가?
만약 그대가 이렇게 할 수 있다면
그대는 주의 구원을 보게 될 것이다.

명심하라.
그 보상은 인내한 자에게 주어진다는 것을.

평정을 유지한 채 있으라.
평정을 유지한다는 것은 모든 것이 잘 되었다는,
그리고 그 일이 이루어졌다는 깊은 확신이다.

들리는 것, 보이는 것, 그것들이 무엇이든, 그대는
'결국 승리한다'는 것을 인식한 채 흔들리지 않는다.
이렇게 뜻을 함께 하는 것에 의해 세상 모든 것은 지어진다.
또 이런 뜻의 일치가 없다면
지어진 것 중 어떤 것도 지어지지 않는다.

I AM that I AM

계시록에는 새 하늘과 새 땅이 나타날 거라고 기록되었다.
이런 비전을 봤던 요한은
"그것이 이루어졌다"[요한계시록 21:6]라고 적었다.
하늘은 그대의 의식이고,
땅은 그것이 단단해진 상태이다.
그래서 요한처럼 그대도,
"그것은 이루어졌다"라는 태도를 지녀라.
변화하고자 하는 그대에게 요구되는 한 가지는,

소망하는 곳까지 올라가는 것이다.
그것이 이루어지는 방법에 머물지 말고,
그것이 되었다는 것에 자연스러움을 느껴
그대 의식의 역사서에 '이루어졌음'을 기록하라.

영화가 끝날 즈음에야 영화관에 들어갔다면
행복한 결말 밖에 보지 못했을 것이다.
이제 그 영화 전체를 보기 위해 자리에 계속 앉아
영화가 다시 상영되기를 기다린다.
용두사미의 결말이지만
주인공은 거짓된 증거에 비난받고 에워 쌓이면서
관객들의 눈물을 짜내려 한다. 하지만

그 결말을 알기 때문에 편안함을 유지할 수 있는 그대는
지금 영화가 전개되는 모습과는 상관없이
확실한 결말에 대한 앎을 지녔기 때문에 평정을 유지할 수 있다.
이와 같은 방법으로 그대가 구하고자 하는 것의 결말로 가라.
그곳에서 소망하던 모습, 혹은 갖고 싶던 것을 얻은
그대의 모습을 의식 속에서 느껴라.
그렇게 한다면 결말에 대한 앎에서 태어난

확신을 지니게 될 것이다.
이 앎으로 인해,
삶의 영화가 전개되는 시간 동안 흔들리지 않을 것이다.

다른 이의 도움을 구하지 말고
그대자신이 소망하던 모습이 되었다고,
의식 안에서 주장해, 이렇게 외치라.

"이루어졌다"

07

THY WILL BE DONE
그대의 뜻은 이루어지리라

나의 뜻이 아닌 그대의 뜻으로 이루어지게 하소서.

[누가복음 22:42]

["오! 나의 아버지, 내가 마시지 않고는 이 잔이 내게서 지나갈 수 없다면 아버지의 뜻이 이루어지게 하옵소서." 마태복음 26:42; "그러나 내가 원하는 대로 하지 마옵시고 아버지께서 원하시는 대로 하옵소서." 마가복음 14:36]

여기서의 단념은
"나는 스스로 아무것도 할 수 없노라,
오직 내 안의 아버지께서 그 일을 하시더라"라는
맹목적인 깨달음을 말하는 것은 아니다.
["나는 아무것도 스스로 할 수 없노라. 나는 듣는 대로 심판하노라. 또 나의 심판이 의로운 것은 내가 나의 뜻을 구하지 아니하고 나를 보내신 아버지의 뜻을 구하기 때문이라." 요한복음 5:30; "너는 내가 아버지 안에 있고 또 아버지께서 내 안에 계시는 것을 믿지 아니하느냐? 내가 너에게 하는 말들은 내 스스로 하는 것이 아니라 내 안에 거하시는 아버지께서 그 일들을 하시는 것이라." 요한복음 14:10]

인간은, 무언가를 이루고자 할 때
지금 존재하지 않는 것을 이 시공간 안에 나타내려고 한다.
너무 많은 시간동안 우리는
우리가 진정으로 무엇을 하고 있는지를 인식하지 않는다.

그리고 자연스레 우리에게는 현현할 능력이 없다고 말한다.
그리고 우리가 욕망에 관해 말할 때면
시간이 지나면 이룰수 있을 거라는 희망을 갖고 이야기한다.

"나는(I AM) 지금은 아니지만 장래에는 그렇게 될 거야."

의식이 일을 이루어주시는 아버지란 사실을 깨닫지 못한 채,
원하는 것을 자신의 모습으로 인식하지 않고
그것을 이루려고 노력한다.
그런 투쟁은 실패 지어질 운명이다.
오직 현재만이 그것들을 현현시킬 수 있다.
내가 구하고자 하는 모습이 이미 되었다고 인식하지 못한다면
그것을 이루지 못할 것이다.

하느님(그대의 인식)은 모든 것의 본질이자
만물이 온전히 존재하는 충만함이다.
하느님의 뜻은 지금 존재하는 것에 대한 인식이지
장차 존재하게 될 것에 대한 인식이 아니다.

"그대의 뜻은 이루어질 것이다"라고 이해하지 말고,

"그대의 뜻은 이루어졌다"라고 생각하라.

그 일은 끝마쳐졌다.
만물을 눈에 보이게 만드는 원리는 영원하다.

> 하느님께서 자신을 사랑하는 자들을 위하여
> 예비하신 것들은 눈으로 보지도 못하였고,
> 귀로 듣지도 못하였으며,
> 인간의 마음속에 들어온 적도 없었느니라.

[하느님께서 자기를 사랑하는 자들을 위하여 예비하신 것들은 눈으로 보지도 못하였고, 귀로 듣지도 못하였으며, 인간의 마음속에 들어온 적도 없었느니라. 고린도전서 2:9-10]

조각가는 아무런 모양도 없는 대리석 덩어리를 볼 때
그 안에 묻혀있는 완성된 예술품을 본다.
그는 작품을 만들어나가는 것이 아니라
단지 자신의 생각을 감추고 있는 대리석들을 제거해,
완성된 작품의 모습을 바깥세상에 내놓을 뿐이다.
이와 같은 원리가 그대의 삶에도 작용한다.
그대의 형체 없는 인식 안에는 앞으로

그대가 자신의 모습으로 품을 것들 모두가 묻혀 있다.
이 진리를 이해한 그대는

원하는 모습을 만들려고 애쓰는
미숙한 노동자가 아닌,
원하는 모습이 이미 되어있는 것을 인식하는
위대한 예술가가 될 것이다.

그대의 주장은,
즉 이미 원하는 모습이 되었다는 그대의 외침은
인류가 쳐놓은 어둠의 장막을 제거하고
그 외침을 세상에 완벽히 드러낼 것이다.

하느님의 뜻은 과부의
"온전하나이다(It is well)"라는 말 속에 표현되어 있다.
아마도 인간의 의지는
"그것은 잘 될 것이다"라고 말할 것이다.
"나는 앞으로 좋아질 것이다"라고 말한다면
"현재 나는 좋지 않다"라고 말하는 것이다.

'영원한 현재(the Eternal Now)'인 하느님은
말이나 헛된 반복으로 모방될 수는 없다.
하느님은 오직 현재의 모습에 형체를 부여할 뿐이다.
그렇기에 (자신을 하느님과 동등하게 만든) 예수가
자신의 뜻을 포기한다 함은
결핍("나는 장차 그렇게 될 것이다"라고 미래가 가리키는)의 인식에서
"나는(I AM) 그것이고, 이루어졌다. 감사합니다. 아버지!"라는
외침이며 풍요로운 원천에 대한 인식이다.

이제 그대는 한 예언자의 말 속에 담겨있는
지혜를 보게 될 것이다.

약한 자가, '나는(I AM) 강하다'라고 말하게 하라

[요엘 3:10]

무지 속에 빠져있는 인간은
예언자의 충고에 귀를 기울이지 않고,
언젠가는 이 불만족스러운 상태에서 벗어날 것이라는
미래에 대한 희망만을 간직한 채 무지한 주장만을 한다.

그래서 자신을 약하다, 가난하다, 비천하다고 말한다.
그는 언제라도 자유롭게 될 수 있었지만
그런 잘못된 주장은 자유로 인도하는 법칙을
오히려 좌절 속에 몰아넣었다.
그대의 소망을 그대의 세상 속으로 들어가게 하는
단 하나의 문이 있다.

"나는(I AM) 문이다."

그대가 'I AM'이라 말할 때면
그대의 존재를 일인칭에 현재형으로 선언할 뿐
그것 안에는 미래를 가리키는 것이 없다.
'I AM'을 아는 것은 존재를 인식하는 것이다.
의식은 유일한 문이기에
그대가 구하는 존재가 이미 되었다 인식하지 않는다면
결실 없는 여정을 떠난 것이다.
보이는 것만을 쫓아서 판단한다면
계속해서 감각의 노예로 살게 될 것이다.
성서에서는 이런 감각의 최면언어를 소멸시키고자
이렇게 말한다.

내부로 들어가 문을 닫아라

["그러나 너는 기도할 때에 너의 골방에 들어가 방문을 닫고 은밀히 계신 네 아버지께 기도하라. 그러면 은밀히 보시는 네 아버지께서 너에게 드러나게 갚아 주시리라." 마태복음 6:6; "내 백성아, 오라, 네 방들에 들어가서 네 문을 닫고 그 분노가 지나갈 때까지 잠깐 동안 숨으라." 이사야 26:20; "그리고 안으로 들어가서 너와 네 아들들은 문을 닫은 후, 그 모든 그릇들에 부어 가득찬 것은 옆으로 놓으라." 열왕기하 4:4; "그러므로 그는 들어가서 두 사람만 있도록 문을 닫고 주께 기도하더라." 열왕기하 4:33]

그대의 새로운 주장이 받아들여지기 전에
감각의 문이 굳게 닫혀야만 한다.
감각의 문을 닫는 일은 보이는 것만큼 어렵지 않다.

결과는 노력 없이 주어진다.
동시에 두 명의 주인을 섬기는 것은 불가능하다.
인간이 섬기는 주인이란 자신에 대한 인식이다.
나는 내가 나라고 인식한 것의 주이자 주인이다.
내가 가난하다 인식한다면
가난은 나에게 애쓰지 않아도 다가온다.
내가(주) 가난하다 인식하는 한 나의 종(가난)은

나(가난의 인식)를 따를 수밖에 없을 것이다.

그대는 감각의 증거들과 싸우지 말고
그대는 이미 원하는 모습이 되었다고 주장하라.
그대가 의식을 이런 주장 위에 놓는다면
감각의 문들은 자연히
(자신이라고 인식했던) 예전의 주에 대해 닫힌다.
(지금 원하는 모습이 되었다는) 느낌에 푹 빠지게 되었을 때
그대의 세상은 그렇게 인식한 모습 그대로 나타나면서
감각의 문들은 다시 열린다.

예수가 우리에게 보여준 길을 따르자.
예수는 인간으로서의 자신에게는
현재의 결핍의 그림을 바꿀 어떤 힘도 없음을 깨달았다.
그런 까닭에 문제들을 향해 열려있던 감각의 문을 닫고는
전능자인 아버지께 갔다.
현재감각의 문을 닫았기에
종전에는 감각이 부정하던 모습으로 자신을 주장할 수 있었다.
그리고 인식이
'자신에 대한 관념'을 세상에 투영한다는 것을 알아,

문(그의 감각)이 열려 주의 지배력이 세상에 모습을 드러낼 때까지
소망이 성취된 의식 안에서 머물렀다.

명심하라.
나는(I AM) 만물의 주이다.

"나는 그렇게 될 것이다"라고 외치는 인간의 의지를
다시는 쓰지 말라.
예수가 했던 것처럼
인간으로서의 의지를 단념하고 이렇게 주장하라.

"나는(I AM) 그것이다."

08

NO OTHER GOD
오직 한 분의 하느님

나는 시작이요 끝이라, 나 외에 어떤 신도 없느니라.

[이사야 44:6]

나는 그대의 주 하느님이요, 그대를 이집트의 땅에서,
속박의 집에서 건져내었노라.
그대는 나 외에 어떤 하느님도 얻지 못하리라.

[신명기 5:6,7]

하느님이 자신과 분리된 존재로
외부세상 어딘가에 있다는 믿음을 고수한다면
자신에게서 자신의 존재를 계속해서 약탈하는 것이다.

자신과 분리된 곳에 권능이 있다는 믿음은,
그것이 선한 것이든 악한 것이든 상관없이,
그런 숭배된 이미지의 각인된 틀을 만들 것이다.

약이 병을 낫게 하고 음식이 건강하게 만들고
돈이 안정을 준다는 믿음은
성경에서 표현된 환전상이다.
그들을 권능으로부터 던져버렸을 때에만
건강이나 안정과 같은 가치들을 성공적으로 이룰 수 있다.
이 말을 이해해야만 그대의 성전에서
환전상들을 쫓아낼 수 있을 것이다.

그대는 살아있는 하느님의 신전이라

["하느님의 신전과 우상들이 어찌 뜻을 같이 하겠느냐? 이는 너희가 살아 계신 하느님의 신전임이라. 하느님께서도 말씀하시기를, 내가 그들 가운데서 살 것이며, 그들 가운데서 다닐 것이며, 나는 그들의 하느님이 되고 그들은 나의 백성이 되리라." 고린도후서 6:16, 그리고 그 성전은 손으로 짓지 아니한 것이더라. 기록되었으되 "내 집은 기도하는 집이라 불리우리라 하였거늘 그대가 강도들의 소굴로 만들었다고 하시더라." 마태복음 21:13; "이는 나의 집이 모든 백성에게 기도하는 집이라 불릴 것임이라." 이사야 56:7]

그대를 약탈하는 강도란 그대의 잘못된 믿음이다.
그것은 그대를 구원해주는 사물의 본질에 대한 믿음이 아닌
단지 외적인 것에 대한 믿음이다.

오직 하나의 힘만이 존재하니
나는 그이다(I AM He).

외적인 것들에 대한 믿음 때문에
그대의 존재인 권능을 외부의 것들에 옮겨주고는
그것들에 부여된 힘을 생각한다.

그대, 바로 그대가
외적인 환경들에 힘을 잘못 부여한 권능이란 사실을 깨달으라.

성경에서는 고집이 센 사람을
바늘귀에 들어가지 못하는 낙타로 비유한다.
여기서 언급된 바늘귀는 예루살렘 벽에 있는 작은 문으로
낙타 등의 짐을 풀어놓기 전에는 통과할 수 없을 정도로 좁다.
부자, 즉 잘못된 인간적인 관념의 짐을 짊어진 자는
그의 짐을 풀어놓기 전까지는
낙타가 예루살렘의 좁은 문을 통과할 수 없는 것처럼
하늘나라의 왕국으로 들어갈 수 없다.

인간은 인간이 만든 법과 견해와 믿음 안에서 안정을 느낀다.
그래서 사물들 그 자체에는 있지도 않은 권능을
그것들에 부여한다.
그리고는 인간들의 좁은 지식이 마치 전부인 듯,
그 앎에 만족하면서
바깥 세상에 모습을 드러낸 것이
실은 마음의 상태들에서 기인한다는 것을 인식하지 못한다.
어떤 성질을 가진 의식은 다른 가치들의 도움이 없더라도

외부로 그 특성을 현현한다.
이것을 깨달은 사람은 하나의 진정한 가치를 확립할 것이고,
그것이 바로 의식이다.

주는 그의 거룩한 사원에 계신다

[하박국 2:20]

의식은 그것이 자신이라 여기는 것 안에서 거한다.
'나는 인간이다(I AM man)',
이 말속에는 주와 주가 머무는 사원이 나타나 있다.
그대는 의식이 의식 자체의 모습을
바깥세상에 표현한다는 것을 이해했다면
그대 주위의 사람들도
그대의 의식으로부터 그려져 나온 것이란 것을 알게 될 것이다.
그때 그대가 원망하고 미워하던 사람들을
지금의 모습 그대로 용서하게 된다.
반드시 모든 것이 자신에 대한 관념 그대로
(그 무엇의 도움도 없이) 표현된 것뿐임을 이해해야만 한다.

깨달음을 얻은 자이자 마음이 훈련되었던 자인 베드로는

의식의 변화가 외부의 변화를 일으킨다는 것을 알았다.
베드로는 사원 앞에서
생필품을 구걸했던 걸인을 동정하는 대신
이렇게 말한다.

나에게는 (그대에게 줄) 은과 금이 없으나
내가 가진 것(자유의 의식)을 그대에게 주노라.
그대 안의 선물을 일깨우라.
[그러므로 내가 그대를 기억하게 하니, 그것은 그대 안의 하느님의 선물을 일깨우게 하려함이라.] 디모데후서 1:6

구걸하던 손을 거두라.

그리고 그대가 되고자 했던 모습이,
바로 지금 그대의 모습이라고 주장하라.

이렇게 한다면
그대는 I AM이란 주에게 찬양의 노래를 부르면서
절름거리는 그대의 세상으로부터
자유의 세상을 향해 뛰어오르게 될 것이다.

그대 안의 그는 세상에 있는 그보다 훨씬 위대하더라

[어린 자녀들아, 그대는 하느님의 존재이고 그것들을 이겨냈으니, 그것은 그대 안의 그는 세상에 있는 그보다 위대하기 때문이라. 요한 1서 4:4]

이것은
'존재의 의식'이 하느님이란 깨우침을 얻은 자들의 외침이다.

이런 사실을 그대가 인식하게 되었다면
자연히 그대의 의식이라는 사원에서
도둑들과 강도들을 말끔히 몰아내고,
동시에 그대가 잃었던 지배의 권한을 되찾게 된다.

09

THE FOUNDATION STONE
반석

사람들 모두 그가 그 위에 어떻게 짓는지 살피게 하라. 왜냐하면
어떤 누구도
예수 그리스도라는 반석 외에는 놓을 수 없기에.
만약 사람이 이 반석 위에
금, 은, 값진 보석, 나무, 건초, 그루터기를 짓는다면,
모든 사람들의 일이 나타날 것이니,
그 날이 그것을 선포하리라.

[고린도전서 3:10-13]

세상 모든 것의 반석은 '의식'이다.
다른 것이 있나 시험해본다면 '존재의 의식' 외에는
다른 창조의 원인을 발견할 수 없을 것이다.

사람들은 병의 원인을 세균에서 발견했다고 생각하고
전쟁의 원인은 이데올로기와 탐욕이 충돌한 결과라고 믿는다.
그런 발견을 지혜의 정수라고 일컫지만
하느님의 시야로 보자면 매우 어리석은 것이다.

오직 하나의 힘이 있으니 이 힘은 하느님(의식)이다.
오직 그것만이 죽음과 생명, 상처와 치유를 일으킬 수 있고
그 일이 선한 것이든 악한 것이든
아니면 이 둘 다 아닌 것이든
가리지 않고 모든 일을 행할 수 있다.
인간은 자신의 의식이 외부에 모습을 드러낸,

객관적인 세상에서 움직인다.
그러나 이 진리를 모른 채,
이러한 부정적인 빛과 형상에 생명을 주면서
투쟁과 반목이라는 그림자와 싸움을 한다.

나는(I AM) 세상의 빛이다

[요한복음 8:12]

I AM(의식)은 빛이다.
내가 나 자신으로 인식하는 것(나 자신에 대한 관념),
즉 "나는 부유하다", "나는 건강하다", "나는 자유롭다",
이 같은 것들은 하나의 마음속 형상이다.
그리고 세상은 내가(I AM) 나라고 인식하는 것 모두를
확대해 보여주는 거울이다.

세상을 바꾸려하지 말라.
그것은 단지 거울일 뿐이니.

세상을 강제로 바꾸려는 인간의 투쟁은,
나의 모습이 마음에 들지 않는다고

거울을 깨버리는 것처럼 무익한 것이다.

거울을 그대로 두고 그대의 모습을 바꾸라.
세상을 그대로 두고 그대 자아에 대한 관념을 바꾸라.

그때,
거울에 비춰질 그대의 모습에 만족하게 될 것이다.

자유와 속박, 성취와 좌절, 그것들은
오직 '존재의 의식'이 결정지을 뿐이다.

그대의 문제가 무엇이든, 또 그것이 얼마나 오래되었든,
얼마나 큰 문제이든지 상관없이
이 진리를 주의 깊게 따른다면
놀라울 정도로 짧은 시간 안에 소멸될 것이고
심지어 기억조차 못할 것이다.

그대 자신에게 물어보라.
"내가 만약 자유롭다면 나는 어떤 기분일까?"
그대가 진심으로 이 질문을 던진 순간,

대답은 그대를 찾아올 것이다.
그 누구도 그대를 대신하여
소망이 성취되었을 때의 성취감을 말해줄 수 없다.
사람마다,
그 내부에서 이 자동적인 의식의 변화와 기쁨을 경험한다.
이렇게 자신에게 던진 질문에 대한 답으로 다가오는
느낌과 짜릿함은 의식의 아버지 상태 혹은 반석이다.
의식의 변화들은 바로 그 위에 세워진다.

내부의 느낌이 어떤 방식으로 형체를 갖추게 될지는
아무도 모르겠지만 그렇게 될 것이다.
아버지(의식)는 그 누구도 모르는 길을 갖고 있으며
불변의 법칙이다.

만물은 그 의식의 성질을 그대로 표현한다.
그대가 어떤 느낌을 자기 것으로 취했다면
그것은 그대의 본성이 된다.
그 느낌이 현실로 이루어지기까지
1분이 걸릴지 1년이 걸리지 모른다.
단지 그대의 확신의 크기에 따라 그것은 결정될 뿐이다.

의심이 허물어지고,
"나는(I AM) 이렇다"라고 느낄 수 있다면
그대가 '나'라고 느낀 본성, 즉 과실이 열릴 것이다.

누군가 새 모자나 신발을 샀다면 새 것임을 인식한다.
아마 그 물건들이 자신의 일부가 되기 전에는
부자연스럽게 느낄 것이다.
그대가 새로운 의식의 상태를 취했을 때도 마찬가지이다.
그대가 스스로에게
"만약 나의 욕망이 지금 이 순간 현실이 된다면
나는 어떤 기분일까?"라는 질문을 했을 때,
시간이 흐르고 익숙해져 습관처럼 되기 전까지는
그 대답은 자연스럽지 못하게 된다.

의식의 잠재적 상태가 현실로 드러나는 적응의 시간은
그대가 새로운 옷을 입었을 때의 낯선 느낌과 비교할 수 있다.
그대의 의식이 그것 스스로의 모습을
주변 세상에 계속 그린다는 사실을 모른다면
롯의 아내처럼 계속 뒤를 돌아 문제를 다시 보게 될 것이고
현실처럼 보이는 모습에 그대는 또 다시

문제가 현실의 것이라는 최면에 걸릴 것이다.
예수(구원)의 말씀에 귀를 기울이라.

모든 것을 떠나보내고, 나를 따르라.

["그리고 그가 그들에게 말하니, 나를 따르라. 그러면 나는 그대를 인간을 낚는 어부로 만들 것이라." 마태복음 4:19 "그러나 예수가 그에게 말하니, 나를 따르라. 그리고 죽은 자가 죽은 자를 묻게 하라." 마태복음 8:22 "만약 어떤 이가 나를 따르고자 한다면, 그가 자신을 부정하게 하고 자신의 십자가를 들고 나를 따르게 하라." 마태복음 16:24 "만약 그대가 완벽해지고자 한다면 가서 그대가 갖고 있는 것을 팔아서 가난한 자들에게 주라. 그러면 그대는 하늘나라의 보물을 갖게 될 것이라. 그리고 와서 나를 따르라." 마태복음 19:21 "그리고 예수가 그들에게 말하니, 그대는 나를 따르라. 그러면 나는 그대가 인간을 낚는 어부가 되게 만들 것이라." 마가복음 1:17 "누구든지 나를 따르고자 한다면 그가 자신을 거부하고, 자신의 십자가를 메고 나를 따르라." 마가복음 8:34 "그대의 길을 가고, 그대가 가진 것을 팔고, 그것을 가난한 자들에게 주어라. 그러면 그대는 하늘나라의 보물을 갖게 될 것이라. 그리고 와서 십자가를 메고 나를 따르라." 마가복음 10:21 "만약 어떤 이가 나를 따르고자 한다면 그가 자신을 부정하게 하라. 그리고 자신의 십자가를 매일 짊어지고 나를 따르라." 누가복음 9:23 "그대가 가진 것 모두를 팔라. 그리고 가난한 자들에게 분배하면

그대는 하늘나라의 보물을 갖게 될 것이라. 그리고 와서 나를 따르라." 누가복음 18:22]

죽은 자가 죽은 자를 묻게 하라

그대의 문제들은 그럴 듯한 현실성으로 그대에게 최면을 걸어,
새로운 느낌이라는 그대 구세주의 의식의 옷을 취하는 것이
어렵다고 느끼게 만들 것이다.
하지만 그대가 그것이 이루어지기를 바란다면
새로운 느낌의 의복을 입어야만 한다.

집 짓는 자들에게
버림받았던(취하지 않았던) 돌(의식)이
주춧돌이 될 것이며
그 누구도 이 외에 다른 반석을 놓을 수는 없다.

10

TO HIM THAT HATH
가진 자에게는

그러므로 그대가 듣는 것에 주의하라.
누구든지 가진 사람은 받게 될 것이요,
누구든지 갖지 못한 사람은
가진 것처럼 보이는 것마저도 빼앗기게 되리라

[누가복음 8:18]

가장 위대한 마음에 관한 책인 성경에서는
자신이 무엇을 듣는지 주의를 기울이라고 경그하면서
다음과 같은 진리를 말했다.

> 가진 자에게는 그것이 주어질 것이요,
> 가지지 않은 자는 뺏길 것이다

사람들은 예수님의 이 같은 말을
가장 잔인하고 공평하지 못한 것으로 여기나,
이것은 생명의 불변하는 창조의 법칙을 말하는 것으로,
공정하고 자애로운 법칙이다.

우리가 법칙을 몰랐다는 변명은
결과에 대해 어떤 구제나 구원도 주지 못한다.
법칙은 감정에 휘둘리지도 않고 사람을 차별하지도 않는다.

성경은 우리가 무엇을 듣는지 그리고
무엇을 사실로 받아들이는지 잘 분별하라고 경고한다.
왜냐하면 우리가 받아들인 것들은 모두
자신의 의식 안에 하나의 인상을 남기고,
장차 증거나 반증을 명확히 남기기 때문이다.

듣는 감각은 인상을 각인하는 완벽한 매개체이다.
우리는 실제 귀에 들리는 것들에는 개의치 말고
원하는 것만을 들을 수 있도록 자신을 훈련해야만 한다.
우리가 듣는 감각을 지배하게 된다면
받아들이기로 결심한 인상들에만 반응할 것이다.
이 법칙은 절대 어긋남이 없다.
이것을 충분히 내면에서 습관으로 만든다면
자신의 소망에 도움이 되지 않는 것들은 듣지 않게 되고,
더 나아가 하느님이란 그대가 자신으로 인식한 것들 모두를
주는 '조건 지워지지 않은 의식'이란 것을 발견하게 된다.

그대가 스스로를 어떤 존재라고 인식하고,
또 어떤 것을 가졌다고 인식하는 것이야말로
그대를 그렇게 만드는 힘인 것이다.

이런 불변의 진리 위에 만물이 놓여있다.
그 의식은 자신이라고 인식한 것 이외의 것이 될 수는 없다.

(자신의 존재로 인식하는 것을) **가진 자에게는**
그것이 주어지리라

그대가 인식하는 것이
이로운 것이든 해로운 것이든 상관없이
수백 배로 돌려받게 된다.
"**가지지 않은 자는 빼앗길 것이요,**
가진 자에게는 더해지리라"는 불변하는 법칙에 맞춰서
부유한 자는 더 부유해질 것이며
가난한 자는 더 가난해질 것이다.

그대는 그대라고 인식한 것만을 확대할 수 있다.
모든 것은 그것과 조화되는 의식에 끌려온다.
마찬가지로 어떤 사물과 조화되지 않은 의식에게는
그것들이 다 사라진다.

세상의 모든 부를 사람들에게 공평하게 다 분배하더라도

얼마 지나지 않아서 다시 이전의 상태로 돌아갈 것이다.
그 재물들은 원래 주인의 주머니 속으로 다시 돌아갈
스스로의 길을 발견하게 된다.

누군가가 가진 자들의 돈을 뺏자고 주장한다면
절대 그 목소리에 동참하지 말라.
그리고 이 불변하는 현현의 법칙을 인식하라.

의식 속에서 그대가 원하는 모습으로 자신을 정의하라.
명확해진다면
의식 안에서 세워진 그대의 주장은
그 보상이 주어질 때까지 확신 안에서 계속 존재한다.

밤이 가면 낮이 오는 것처럼
의식 안에서 주장된 어떤 속성이라도
스스로를 밖으로 표출해낼 것이다.
이런 까닭에 깨어있지 못한 전통적 기독교 체계에서는
잔인하고 불공정한 법칙으로 여기던 것이,
빛을 얻은 자의 눈에는 가장 자애롭고 공정한
진리의 말씀이 된다.

나는 파괴하기 위해 온 것이 아니라
이루기 위해 왔노라

[마태복음 5:17]

실제로 그 무엇도 파괴되지 않는다.
외형상 파괴처럼 보인다하더라도 의식이 변화된 결과이다.
의식은 언제나 그것이 거하는 상태를 충만하게 채운다(fills full).
이 법칙에 익숙하지 않은 사람들에게는
의식이 머물던 자리에서 제거된다면
마치 파괴됐다고 여길 것이다.
하지만 이것은 새로운 의식상태에 대한 준비일 뿐이다.

그대는 채워지기 원하는 모습이 되었다고 주장하라.

그 무엇도 파괴되지 않으니
모든 것은 이루어지리라

가진 자에게는 그것이 주어지리라

11

CHRISTMAS
크리스마스

보라,
한 처녀가 한 아이를 잉태하여 아들을 낳으니,
사람들은 그의 이름을 엠마뉴엘이라 부를 것이더라,
그 뜻은 우리와 함께 하는 하느님이더라.

[마태복음 1:23]

신약에서 가장 논란이 되는 내용은
남자를 거치지 않고 수태한 처녀임신과
그로 인한 예수 그리스도의 탄생이다.

한 처녀가 남자의 도움 없이 아들을 잉태한 후에,
은밀히 그리고 애쓰지 않고 그녀의 잉태에 생명을 부여한다.

이 처녀임신에 의한 예수의 탄생은
크리스천 사상의 기초가 된다.
예수라는 존재의 위대함을 충분히 나타내기 위해서는
크리스천들은 이 믿기지 않는 이야기를 믿어야만 했다.
하지만 대부분 사람들이 이성적으로 처녀임신을 판단한다면
말도 안 되는 이야기로 여길 것이고, 그래서
그들은 더 나아가 성경의 내용 전체를 부정하려 한다.
하지만 성경은 역사적 사실이 아닌 영혼의 메시지이다.

그래서 이 이야기가 지닌 진정한 상징적 의미를 알고자 한다면
처녀임신이란 내용도 마음에 관한 관점에서 해석해야만 한다.
따라서 이 이야기를 현실에 관한 이야기가 아닌,
마음에 관한 이야기로 보아야 한다.
그렇게 한다면 성경은 하나의 법칙에 근거해서
이야기가 전개된다는 사실을 알게 될 것이고,
만약 그 법칙을 삶에서 적용한다면
이루고자 하는 황량한 꿈들을 넘어서 그 성취를 맛볼 것이다.

'스스로 현실에 모습을 드러내는 법칙(self-expression)'을
적용하기 위해서는
"하느님에게는 모든 것이 가능하다"는 믿음을 배워
그 단상 위에 설 수 있도록 마음을 훈련해야만 한다.
예수님의 탄생과 죽음, 그리고 부활이라는
신약의 극적인 중요사건들은 천체의 변화에 맞추어
그 날짜가 정해졌다.

성경을 쓴 신비주의자들은
천체의 변화에 맞추어 땅에서도 일정한 유익한 변화가
일어난다는 사실을 발견했다.

그래서 그들은 마음에 관한 드라마를 쓰면서
영혼의 이야기를 마치 인간의 자서전처럼 의인화시켰다.
신비주의자들은
성경을 읽은 독자가 이 마음의 법칙을 따른다면
의식 안에서 어떤 유익한 심리변화가 일어나는지를
전달하기 위해 천체의 변화를 이용해
예수의 탄생과 부활의 날짜를 정했다.
하지만 이런 깊은 의미를 이해하지 못한 성경의 독자들에게도
크리스마스의 이야기는 여태껏 전해진 이야기 중
가장 아름다운 것으로 기억된다.

신비적 상징학의 관점에서 이 이야기가 전개된다면
그것은 세상 만물의 진정한 탄생에 관해 말해준다.
이 처녀출산은 12월 25일에 일어났다 하기도 하고,
어떤 특정한 비밀 단체에서는
크리스마스이브인 12월 24일 밤 12시를 기념하기도 한다.

이날, 천제의 변화로 인해 지상에 가장 유익한 변화가 일어난다.
그렇기에 성경의 작가들은 이 날을 예수의 탄신일로 정했다.
그런데 그들의 천체 관측은 모두 북반구에서 이루어졌다.

그래서 남반구에서 천체를 관찰하는 사람들에게는
앞으로 설명하는 것을 반대로 이해해야 한다.
어쨌든 이 이야기는 북반구에서 기록되었기에
북쪽에서의 관찰에 기초한다.

태양은 인류의 삶에서 가장 중요한 역할을 했기에,
사람들은 태양이 없다면
물질적 생명 역시 더 이상 존재하지 않는다고 여겼다.
그래서 북반구에서 관측되는 태양의 위치는
예수의 생애에서 가장 중요한 날들이 되었다.

6월 하늘에 태양은 가장 높은 곳까지 뜰 수 있고,
시간이 차츰 지날수록 그 최고점은 조금씩 남쪽으로 떨어져,
초목들의 생기도 조금씩 잃어가게 되고,
12월이 되면 자연의 대부분은 그 생명활동을 멈추게 된다.
태양이 계속해서 남쪽으로 내려간다면
아마 모든 자연계는 죽음의 정적 속에 들어설 것이다.
하지만 12월 25일이 되면,
태양은 세상에 대한 구원과 생명의 재탄생을 약속하면서
북쪽을 향한 위대한 발걸음을 시작한다.

하루하루 태양은 점차 더 높은 곳까지 떠오르기 시작하고,
이로써 인간들은 추위와 굶주림으로 인한 죽음에서
구원되고 있다는 믿음을 가지게 된다.
왜냐하면 태양의 최고점이 북쪽을 향해 움직여
적도를 가로지를 때 세상만물은 다시 깨어날 것이란 것을,
다시 말해 그 기나긴 겨울잠에서 모든 것이
부활할 것이란 것을 알기 때문이다.

밤 12시에서 그 다음날 밤 12시까지를 하루라고 한다.
그리고 우리가 볼 수 있는 하루는 동쪽에서 시작돼
서쪽에서 끝난다.
그래서 고대인들은 한 밤 12시, 동쪽 지평선에서
그 하루가 태어난다고 말했다.
크리스마스이브인 12월 24일 밤 12시에
처녀자리 성운은 동쪽 지평선에서 떠오른다.
그래서 성경에서는 이 세상의 아들이자 구세주가
처녀에게서 태어났다고 말한다.

처녀인 마리아는 밤 내내 여정을 떠났다가
여인숙에서 걸음을 멈춘다.

그리고 유일하게 남아있는 방을 얻었는데
다름 아닌 가축들 사이의 것이었다.
그곳에서 목자들은 가축들이 여물을 먹는 구유 안에서
성스러운 아이를 발견한다.

성처녀와 함께 머물렀던 동물들이란
12궁의 성스러운 동물들을 말한다.
12궁의 동물들이 쉼 없이 원을 그리며 도는 가운데
성처녀인 처녀자리 성운이 자리하고 있고,
매년 12월 24일 한 밤에 세상의 구세주인 태양이
북쪽을 향한 여정을 시작할 때면
동쪽 지평선에 위치한 처녀자리 성운을 볼 수 있다.

마음의 관점에서 이 탄생을 본다면,
내 의식이 태양이자 내 세상의 구세주라는 사실을 깨닫게 될 때,
내 안에서 이 탄생이 일어나는 것이다.
"나는 세상의 빛이다"라는 신비한 문장의 의미를 깨달았을 때,
자신의 아이엠(I AM), 즉 자신의 의식이
'생명의 태양'임을 깨닫게 되고,
그 태양은 세상 안에 형상을 비춘다.

이 형상은
그가 인간으로서 자신이라고 인식한 모습을 따르게 된다.
그래서 세상에서 활동하는 듯 보이는, 본성과 속성들은
실은 내부의 빛이 비춘 결과이다.
현실로 이루어지지 않은 인간의 수많은 희망들과 야망들은
의식 안에, 즉 처녀의 자궁 안에 묻힌 씨앗들이다.

그것들은 꽁꽁 얼어붙은 겨울의 황무지 속에서
태양이 북쪽을 향해 움직이기를 기다리며, 다시 말해
인간이 자신의 존재에 대한 앎을 회복하기를 기다리면서
이 땅에 묻힌 씨앗들처럼 놓여 있다.
이제 그는 "나는(I AM) 세상의 빛이다"라는 선언과 함께
진정한 자아를 인식하며 북쪽을 향해 발걸음을 놓는다.

한 인간이
자신의 인식인 'I AM이 하느님'이란 것과
'자신의 세상의 구세주'란 사실을 깨닫게 되었다면
북쪽을 향해 가는 태양과 같을 것이다.
이제 은밀한 곳에 감춰졌던 충동들과 야망들은
'진정한 자아에 대한 앎'으로 인해

얼어붙었던 추위를 녹이고
생명의 옷을 입도록 재촉될 것이다.
그래서 이전에는 하나의 바람에 불과하던 모습에 대해
이제는 '내가 그 모습이다'라는 담대한 주장을 하게 될 것이다.

그 누구의 도움의 손길이 없더라도
자신이 세상에 드러내고 싶었던 모습으로
자신을 정의할 것이다.
어떤 남자의 손길 없이 잉태할 수 있었던 처녀가 바로
자신의 I AM이란 것을 알게 될 것이고,
자신에 대한 관념들은 모두 그것을 느껴
의식 안에 확고히 한다면
살아있는 실체가 되어 자신의 세상에서
쉽게 형체를 얻게 될 것이란 것을 알게 될 것이다.

인류는 언젠가 성경 속 이야기 전부가, 자신의 의식 안에서
일어나는 사건이란 것을 알게 될 것이고,
자신의 '조건 지워지지 않은 의식'인 I AM이
세상에 아이를 낳고자 하는 처녀 마리아임을 깨닫게 될 것이다.
인류는 또 자신이 세상에 모습을 나타내고자 하는 모습으로

자신을 명확히 한다면
그 누구의 도움이나 손길 없이도
의식 속에서 주장했고 자신으로 규정지었던 모습을
현현해낼 것이란 걸 깨닫게 될 것이다.
그런 후에 그는 왜

   부활절의 날짜는 매년 바뀌는 반면에
  크리스마스는 12월 25일이라는 고정된 날짜인지,

그리고 왜 기독교 신앙 전체가
처녀임신에 기초를 두는지 이해하게 될 것이다.
또 자신의 의식이 자가잉태로 인상들을 받아들일 수 있는
'처녀의 자궁'이자 '주의 신부'여서

    그렇게 잉태된 후에
   그 누구의 도움도 없이
 이런 각인된 인상들을 자신의 삶의 모습으로서
  나타낼 수 있다는 것을 알게 될 것이다.

12

CRUCIFIXION AND RESURRECTION
십자가에서의 죽음과 부활

나는(I AM) 부활이고 생명이니,

나를 믿는 자는 죽음을 맞이했더라도 살아날 것이라.

[요한복음 11:25]

십자가형과 부활의 미스테리는 서로 얽혀있기에
그것들을 온전하게 이해하기 위해서는
이 두 가지는 함께 설명돼야 한다.
이는 하나가 다른 것을 결정짓기 때문이다.
이것들은 각각 성금요일과 부활절의 예식으로 상징된다.

교회는 매년 이 우주적 사건을 기념하는 날의 날짜를
선언하는데 다른 기념일처럼
매년 특정한 날에 치러지는 것이 아니라
3월 22일에서 4월 25일 사이에서 매년 달라진다.

백양궁 자리에서 첫 만월(滿月)이 뜬 후,
첫 번째 일요일을 부활절로 정한다.
백양궁 자리는 3월 21일에 시작해 거의 4월 19일이면 끝난다.
태양이 백양궁 자리에 들어섰을 때가 봄의 시작인 입춘이다.

지구를 한 달에 한 번씩 도는 달은 3월 21일과 4월 25일 사이에
태양의 정반대 위치에 놓이게 되고, 그때 우리는 만월을 본다.
이렇게 태양이 백양궁 자리에 있는 동안 첫 만월이 뜬 후
첫 번째 일요일을 부활절로 정한다.
그리고 이 부활절이 오기 이틀 전 금요일을
성금요일로 기념한다.

이렇게 매년 달라지는 날짜를 기념한다는 사실은
조금만 주의 깊게 보았다면, 보통 사람들이 그 날을
하나의 역사적 사건으로 받아들이는 것과는 달리,
조금 다른 의미를 찾게 만든다.

이 날들은 어떤 한 인간의 죽음과 부활을 기념한 날이 아니다.
지구를 중심으로 하늘을 관찰한다면
태양은 북쪽을 향해 조금씩 움직이다가 봄이 왔을 때
우리가 적도라 부르는 '상상의 선'을 '교차하는(cross)' 듯 보인
다. 그래서 신비주의자들은 이것을 두고,
인간을 살리기 위해서 교차형에 처하다(corssfied),
혹은 십자가 형에 처한다(crucified)고 말한다.
이 현상이 일어난 직후, 자연계 전체는

그 긴 겨울잠에서 스스로를 깨우고 부활하기 시작한다.
따라서 이 때 일어나는 자연의 소동은
태양이 적도와 교차하는 것이
직접적 원인이라 말할 수 있을 것이다.
그래서 사람들은 유월절이면
태양은 그것의 피를 쏟아야만 한다고 믿었다.

만약 정말로 이 부활절이란 것이
한 인간의 죽음과 부활을 정할 목적이었다면
다른 역사사건처럼 일 년 중 특정한 날로
고정시켰어야만 할 것이다.
그런데 그렇게 하지 않은 것은 확실하다.
이 날들은 예수라는 한 인간의 죽음과 부활을
기념할 목적으로 정하지 않았다.
성서는 마음에 관한 드라마이다.
그렇기에 성경을 이해하기 위해서는
마음에 관한 관점에서 바라보아야만 가능할 것이다.

성금요일과 부활절은
옛 해의 죽음과 새해나 봄의 시작과 부활을 나타내면서

이 시기에 일어나는 천체의 변화에 맞춰서 바뀐다.
이 날짜들은 주의 죽음과 부활을 정말 상징하고 있지만,
여기서의 주는 어떤 한 인간을 말하는 것이 아니고
그대의 '존재 의식'을 말한다.
성경에서는,
그가 그대를 살리기 위해 그의 생명을 주었다고 말한다.

나는(I AM)
그대가 생명을 갖기 위해,
그리고 보다 풍성하게 생명을 갖게 하기 위해 왔더라

[요한복음 10:10]

의식은 소망에 생명을 내어주기 위해서,
현재 자신이라 인식하는 것에서 의식을 제거해
스스로를 죽음으로 인도한다.

봄은 겨울 내내 땅 속에 묻혀 있던 수많은 씨앗들이
인간을 살리기 위해 세상으로 솟아나는 시기이고,
마찬가지로 십자가의 죽음과 부활이란 신비적인 이야기도
매년 일어나는 이 성질과 같기에

부활절이란 예식도 봄에 맞춰 거행된다.
물론 이 기념일은 봄에 치러지지만

       진정한 십자가의 죽음과 부활의 이야기는
          매순간 우리에게 일어나고 있다.

십자가에서 죽음을 맞이한 존재는
바로 그대의 '존재의 인식'이고,
부활은
이런 그대자신에 대한 관념이 눈에 보이게끔 솟아나는 것이다.

십자가의 죽음이 먼저 일어나지 않는다면
그 어디에도 부활은 일어날 수 없다.
이것처럼 의식 안에 먼저 인상이 각인되지 않는다면
그 어디에도 현현이 일어날 수 없다.

       그렇기에 성금요일은 통곡의 날이 아닌
          기쁨이 날이어야만 한다.

그대에게서 부활해야 할 것은 소망하는 그대의 모습이다.

그러기 위해서 해야 할 일은
먼저 원하는 존재가 되었다고 스스로를 느끼는 것이다.
"나는(I AM) 소망의 부활이고 생명이라"라고 느껴라.
나는(I AM(존재의 의식은)) 그대의 의식 안에서
그대의 소망을 부활시키고 생명을 주는 권능이다.

두 사람이 어떤 것에 관해 뜻을 같이 한다면
나는 그것을 이 땅에 세우리라

["또다시 나는 그대에게 말하니, 너희들 중 둘이 이 땅에서 그들이 요구하는 어떤 것에 관해 뜻을 같이 한다면 그것은 하늘에 계신 나의 아버지의 그대들을 위해서 이루어질 것이라. 마태복음 18:19]

뜻을 같이 하는 두 사람이란
그대(그대의 인식 -욕망을 가진 의식)와 소망하는 대상이다.
이런 동의가 이루어졌을 때 십자가형은 끝마쳐지고,
둘은 교차되었고 혹은 교차형을 받았다고 말할 수 있다.

아이엠(I AM)과 그것(THAT)
-의식 그리고 그대자신에 대한 관념- 은 결합되어 하나이다.

아이엠(IAM)은 이제 '나는(IAM) 이 결합이다'라는 믿음에
못질되어 고정되었다.
즉, 아이엠(IAM)인 예수는 그것이라는 십자가 위에 못질됐다.
아이엠(IAM)과 십자가를 하나로 묶었던 못은,

느낌의 못이다.

신비적인 결합은 완벽히 이루어져서
아버지의 증거를 보여주는 아이가 탄생하게 될 것이고,
이로써 아들은 부활한다.

나의 의식은 내가 나라고 인식한 것과 하나가 되었다.
모습을 드러낸 이 세상은 이 하나됨을 확인시켜주는 아들이다.
지금 그대의 모습이라고 인식한 것에서
그대의 의식을 거두는 날에
현재의 아들인 현재의 모습은 생명을 멈추고
'얼굴도 없고 형체도 없는 인식'인
아버지의 품 안으로 돌아가게 된다.
세상에 모습을 드러낸 것 모두는
이런 신비적 결합으로 태어난 것들이다.

그래서
'진정한 결혼은 하늘나라에서 이루어지고, 그 헤어짐 또한
하늘나라에서만 이루어진다'는 사제들의 말은 옳다.
하지만 이 말속의 하늘나라는 어떤 장소를 말하는 것이 아닌
'의식의 상태'란 것을 확실히 기억해야 한다.

하늘나라의 왕국은 그대 안에 있다.

나에 대한 관념은 하늘나라(의식)에서 하느님에게 닿는다.

누가 나를 만졌는가?
왜냐하면 나에게서 힘이 빠져나갔기 때문이라

["나를 만진 것은 누구인가? 그러자 예수께서 말씀하시니, 힘이 나에게서
빠져나간 것을 느꼈으니 누군가가 나를 만졌더라." 누가복음 8:45, 46]

이런 만져짐(느낌)이 일어난 순간
결과가, 즉 '나에게서 빠져나가 보이게끔 되는 일'이 일어난다.
"나는(I AM) 자유롭다", "나는(I AM) 풍요롭다",
"나는(I AM) 강하다"라고 느낄 때
하느님(I AM)은 이런 속성들과 힘에 닿는 것이고

십자가형을 받는 것이다.

그렇게 만져진 것 혹은 십자가형을 받은 것의 결과는

만져진 성질의 탄생과 부활로 나타날 것이다.

왜냐하면 인간은 반드시

그가 자신이라 인식한 것 모두에 대해

눈에 보이는 증거를 갖게 되기 때문이다.

이제 그대는 왜 인간 혹은 세상 모든 것들이

항상 하느님의 모습으로 만들어지는지를 이해했을 것이다.

그대의 의식은 자신이라 인식하는 것 모두의

형상을 품고(상상하고(imag[in]es)) 외부에 그려낸다.

나는(I AM) 주이고 나 외에는 어떤 하느님도 없더라

[이사야 45:5, 6]

나는(I AM) 부활이고 생명이라

[요한복음 11:25]

그대는 원하는 모습이 되었다는 믿음으로 확고해질 것이다.

어떤 눈에 보이는 증거를 얻지는 못했지만

그대 안에서 확고하게 되었다고 느꼈던 깊은 확신으로부터
그대는 그대가 어떤 존재인지 알게 될 것이다.
그래서 세상에 모습을 드러낸 증거가 나타나기도 전에
그대는 외친다.

"다 이루어졌다."

[요한복음 19:30]

그대는 이 불변하는 법칙으로부터 하나의 앎을 얻었다.
그리고 이 앎으로부터 하나의 믿음이 태어났고,
그대는 그것을 갖게 되었다.

이 믿음을 지닌 그대는
마치 죽어서 무덤에 묻힌 사람처럼,
확신 안에서 고요함과 흔들리지 않는 마음을 지닐 것이고
그대 안에서 단단하게 고정시켰고
지금 느끼고 있는 속성들을
부활시킬 것이라고 확신하게 될 것이다.

13

THE I'M-PRESSIONS
인상(I AM에 각인된 명확한 상태)

그래서 우리가 지상의 형상을 지녔기에
또한 하늘의 형상도 지니게 되리라.

[고린도전서 15:49]

그대의 의식, 즉 그대의 아이엠(IAM)은
그것 안에 모든 인상들을 찍어낼 수 있는 무한한 원천이다.

인상(I'm-pressions)이란
그대의 아이엠(IAM)에 각인된 명확한 상태이다.
그리고 그대의 의식, 즉 그대의 아이엠(IAM)은
감광필름과 같다.

> 어떤 것에도 각인되지 않은 순수한 상태의 의식은
> 무한한 가능성을 지니고 있다.

그 의식 안에 각인시키고 기록하고 싶은 것이 무엇이든,
그렇게 할 수 있다.
그것이 사랑의 메시지이든 증오의 찬송가이든,
아니면 아름다운 심포니이든 불협화음의 재즈이든,

그대의 아이엠(I AM)은
어떤 것도 문제 삼지 않고 어떤 불평도 없이
기꺼이 받아들여 그 받아들인 것들 모두를 간직한다.

다음의 이사야 53장 3절에서부터 7절에 나온 '그'는
바로 그대의 의식이다.

그는 사람들에게서 멸시받았으며 거부되었으니,
그것은 슬픔을 가진 이였으며 비탄함에 익숙한 자이라.
우리가 그에게서 우리의 얼굴을 가린 것처럼
그는 멸시받았고,
우리는 그를 존중하지 않았더라

그랬기에 그는 당연히 우리의 비탄함을 지녔고,
우리의 슬픔을 가졌더라.
그런데도 우리는 정말
그가 하느님에게서 매 맞고 고통을 받는다고 여기노라

허나 그는 우리의 잘못으로 상처받았고,
그는 우리의 죄악으로 멍들었더라.

우리 평화의 응징이 그에게 내려졌고,
그의 매질로 우리는 치유되노라

우리는 모두 양처럼 길을 잃었으나
우리는 그의 길을 향해 발걸음을 돌렸더라.
그러자 주는 그 자신에게
우리의 죄악 모두를 놓았더라

그는 억압을 당하고, 그는 고난을 당하였으나,
그는 자신의 입을 열지 않았더라.
그는 마치 도살장에 끌려온 어린 양처럼 끌려오고,
털 깎는 자 앞의 양이 말이 없듯
그도 입을 열지 않더라

어떤 '조건도 놓여있지 않은 그대의 의식'은
인간적 감정을 초월해 있기에 누구에게도 차별하지 않는다.
그리고 어떤 머뭇거림도, 어떤 노력도 없이
그 '한계 없는 의식'은
그것 안에 기록된 모든 인상들을
자동적으로 바깥에 나타낸다.

의식은,
그 위에 무엇이 각인되든,
그것들 모두를 받아들이고 현현할 수 있지만
의식 그 본연은
영원히 어떤 오점도 없고 한계도 없는
잠재적 상태로 남아있기에
각인된 인상들 어떤 것도 거부하지 않는다.

그대의 아이엠(I AM)은 정의된 상태를,
즉 그대자신에 대한 그대의 관념을 올려놓는 반석이다.
하지만 아이엠(I AM)은
그런 것에 의해 제한되지도 의존하지도 않는다.
그대의 아이엠(I AM)은
더 이상 확장되거나 축소되지도 않고,
그것의 한 부분이 변하거나 더해지지도 않는다.

어떤 규정된 상태가 있기도 전에,
그것은 존재한다.
모든 상태들이 더 이상 존재하지 않을 때에도
그것은 존재한다.

정의된 상태 모두는,
즉 그대자신에 대해 정의내린 관념들 모두는
그대 불멸의 존재의 눈으로 볼 때에는,
곧 시간이 지나면 사라져버릴 것들로 보인다.
인상이 새겨진다는 것은
'아이엠(I AM)'에 각인되는 것이고
(To be impressed is to be i'm-pressed),
아이엠(I AM)은 일인칭에 현재형이다.
현현된 모든 것들은 바로
이 아이엠에 각인된 것(I'm-pression)의 결과물이다.
그대가 소망하는 모습이 되었다고 주장할 때만이
그것들은 모습을 드러낼 것이다.

    그대의 모든 소망들을 지금 현재의 인상들로 만들라.
    미래에 이루어질 어떤 것으로 만들지 말라.

    나는(그대의 인식) 하느님이고,
    하느님은 모든 것을 포함하는 분이자
    영원한 현재(Eternal NOW), 즉 I AM이다.
    내일이란 생각을 버리라.

내일의 현현(expression)은
오늘 각인된 인상(impression)에 의해 결정된다.

지금(Now)이 받아들여진 시간이라

[고린도후서 6:2, 이사야 49:8]

하늘나라의 왕국은 바로 앞에 있더라

[마태복음 4:17]

예수(구원)는
"나는 그대와 영원히 함께 있노라" [마태복음 28:20]고 말했다.
따라서 그대의 인식이 영원히 그대와 함께 있는 구세주이다.
그러나 그대가 그를 거부한다면 그도 그대를 거부할 것이다.

오늘날 수백만의 사람들이
구원을 장차 다가올 것이라고 말하는 것처럼
그대도 장차 훗날에 그가 모습을 나타낼 것이라 주장한다면
그것은 "우리는 아직 구원받지 못했다"고 고백하는 것과 같기에
그를 거부하는 것이다.

그대의 구세주가 모습을 나타내기를 기다리지 말고
이미 구원받았다고 주장하기 시작하라.
그러면 그렇게 주장한 것의 흔적들은 따라올 것이다.

예언자가 과부를 찾아와
그녀의 집에 무엇이 있는지 물었을 때
과부는 기름 몇 방울이 있다고 말했다.
비록 그녀의 집에 있는 것이 기름 몇 방울에 불과하지만
과부가 올바르게 주장할 수 있다면
그것은 넘치도록 많은 양으로 불어날 것이다.
왜냐하면 그대의 인식은
인식하는 것 모두를 크게 확대하기 때문이다.

만약 나는 기름(기쁨)을 갖게 될 것이라고 주장한다면
지금 나에게는 아무것도 없다는 고백이나 마찬가지이다.
그런 결핍된 인상은 결핍만을 불러온다.

하느님, 즉 그대의 인식은 어떤 것도 차별하지 않는다.
순수하게 인간적 감정을 초월한 하느님,
즉 모든 '존재의 인식'은

'의식 스스로를 정의하는 인상과 특질과 속성을',
즉 그대의 아이엠에 각인되는 것 모두를 받아들인다.

필요가 그대의 욕망 모두를 결정짓는다.

필요한 것들은 그것들이 외관상 그렇게 보이든
진짜로 필요한 것이든,
우리가 그것들을, 의도적으로, 충분하고 강렬하게
뚜렷한 욕망으로 받아들인다면 성취될 것이다.
그대의 인식이 하느님이란 것을 인식하라.
그리고 그대에게 주어진 욕망 하나하나를
이미 존재하는 것을 말해주는 하느님의 말씀으로 여기라.

그대는 한 인간에 머물지 말라.
인간의 호흡은 그의 콧구멍에 있더라.
어떤 점에서 그가 존경받을 만한가?

[이사야 2:22]

우리는 단 한 순간도 빠짐없이
우리의 인식이 우리의 모습으로 정의내린 존재이다.

"나는 그것이 될 것이다"라고 외치지 말라.
그대의 외침 모두를 현재에 두어,
"나는 내가 원하는 모습이다"라고 주장하라.
우리는 요청하기도 전에 응답을 받는다.
욕망을 불러일으키는 어떤 문제도 그것의 해결책은 명백하다.
모든 문제들은
자연스럽게 그것의 해결책에 대한 욕망을 불러일으킨다.
하지만 사람들은 자신들의 욕망과 싸워야만 한다고 교육받았다.
그런 인류의 무지 때문에,
구세주가 의식의 문을 계속 두드리는데도 그를 거부한다.

나는 문이라

만약 욕망이 현실에서 이루어진다면
그대의 문제에서 구원되지 않겠는가?
그대의 구세주를 문 안으로 들이는 것은 가장 쉬운 일이다.

> 그러기 위해 그대에게 남겨진 문제는
> 문을 열고 욕망을 받아들이는 것이다.

그대는 하나의 욕망을 인식하고 있다.
그리고 그대의 의식은 지금 현재이다.
그렇다면 비록 그대의 눈에는 그것이 보이지 않을지라도
진정한 실체라고 단언해야만 한다.

> 하느님은 있지도(보이지도) 않은 것들을
> 마치 보이는 것처럼 부르시더라
>
> [로마서 4:17]

> 나는(I AM) 바라던 그것이라고 주장하라.
> 이 외침으로 그대의 구세주를 안으로 모셔라.

> 보라, 나는 문 앞에 서있고 문을 두드린다.
> 누군가 나의 목소리를 듣고 문을 연다면
> 나는 그가 있는 곳으로 들어갈 것이고
> 그와 함께 식사를 나누고
> 그는 나와 함께 식사를 나눌 것이라
>
> [요한계시록 3:20]

모든 욕망은

문을 열어달라는 구세주의 두드림이고
사람들 모두 이 소리를 듣는다.

"나는 그이다"라고 주장하는 날,
그 문은 열릴 것이다.

이제 그대가 그대의 구세주를 안으로 모시도록 하라.
그래서 그대 구세주의 지금 현존함을 지녀
I AM에 새겨질 때까지(I'm-pressed)
소망하는 것을 계속 자신에게 각인시키라.
그러면 그대는 승리의 함성을 외칠 것이다.

"다 이루어졌노라!"

[요한복음 19:30]

14

CIRCUMCISION
할례

또한 너희가 그 안에서
손으로 하지 아니한 할례를 받았으니,
곧 그리스도의 할례로
육신의 죄들의 몸을 벗어버린 것이라
[골로새서 2:11]

창조의 머리를 덮고 있는 장막을 제거하는 것이 할례이다.
(역주: 창조의 머리 the head of creation : 여기서 head는 성기의 귀두부분 이라는 뜻을 내포하고 있다)

하지만 육체적인 할례행위는 영적인 할례와는 관련이 없다.
세상모두가 육체적인 할례를 치를지 모르지만
여전히 눈먼 자들의 지도자들은
정결하지 못하고 눈먼 상태, 그대로 남아있다.
오직 할례를 영적으로 치른 자만이
자신에게 있는 무지의 장막을 걷고,
자신이 그리스도이고 세상의 빛임을 인식한다.
나는 이 글을 읽는 그대에게 영적인 할례를 치르려 한다.

아이가 태어나고 팔일이 지나면 할례의식을 치른다.
실제 그 날이 어떤 특별한 의미를 지녔다거나

다른 날들과 차별된 날이어서가 아니라,
8이라는 숫자가 시작도 끝도 없는 숫자이기 때문에
여덟째 날 의식을 치르는 것이다.
더 나아가 고대인들은 8이라는 숫자 혹은 문자를
울타리나 장막으로 상징했고,
그것 안과 이면에는 창조의 신비를 묻어두었다고 여겼다.

그런 까닭에 여덟째 날에 행해지는 이 시술의 비밀은
불멸하는 창조의 머리를 드러내는 행위,
즉 만물이 시작되고 끝이 나지만
이 모든 것들이 존재를 멈출 때조차도 영원하는
불멸의 자아를
드러내는 행위의 속성에 맞춰져 있다.

바로 이 신비로운 것은 그대 '존재의 의식'이다.

지금 이 순간 그대는 존재한다는 것, 그 자체를 인식하고 있고
그럼과 동시에 또 자신을 어떤 사람이라고 인식하기도 한다.
이렇게 자신을 어떤 사람이라고 인식하고 있는 것은
그대의 진정한 모습을 감추고 있는 장막이다.

태초에 그대는 존재함 그 자체를 먼저 인식한다.
그런 후에 자신을 인간이라 인식한다.

그대의 '얼굴도 없는 존재' 위에 '인간이란 장막'이 덮일 때
자신을 어떤 인종으로, 어떤 국가의 국민으로,
어떤 가족의 구성원으로, 어떤 종교를 가진 자로 인식한다.
영적인 할례를 통해 벗겨내는 덮개는
바로 인간이라는 장막이다.
이 할례를 치르기 위해서는 반드시
인종, 국가, 가족이라는 모든 껍데기들을 벗겨내야만 한다.

그리스도 안에서는
그리스인도 유대인도 없으며,
노예도 자유인도, 남자도 여자도 없노라

["거기에는 그리스인이나 유대인이나, 할례를 받은 자나 할례를 받지 않은 자나, 야만인이나 스쿠디아인이나, 종이나 자유인이 없고 오직 그리스도만이 모든 것이요, 또 모든 것 안에 계시니라. 골로새서 3:11]

그대는 아버지와 어머니와 형제들을 떠나
나를 따라야만 하노라

["나를 따르는 자이면서 자신의 아버지와 어머니와 아내와 아이와 형제와 누이들을 증오하지 않는 자라면, 그리고 더 나아가 자신의 삶을 증오하지 않는 자라면 그는 나의 제자가 될 수 없더라.", 누가복음 14:26]

이 말을 따르기 위해 그대를 어떤 인종, 민족, 가족이라고
주장하는 것에 무심하게 됨으로써
분열을 멈춘다.

> 무심함은 싹둑 잘라내는 칼이다.
> 그리고 느낌은 하나로 묶는 끈이다.

그대가 인류 전체를 인종과 종교라는 것으로 구분 짓지 않고,
하나의 거대한 형제로 보게 되었을 때
이런 껍데기들을 잘라냈다는 것을 알게 될 것이다.
이런 끈들이 잘려나갔다면
이제 그대와 그대의 진정한 존재 사이를 막는 유일한 장막은
자신이 인간이라는 믿음뿐이다.
이 마지막 장막을 걷어내기 위해서
그대가 단지 존재함 그 자체라는 사실을 알아야 한다.
그 앎을 갖고,

한 인간으로서 자신에 내렸던 관념을 내려놓아야 한다.

"나는 인간이다(I AM man)"라는 인식에서 벗어나,
'얼굴도 형체도 모습도 띠지 않은 존재'로서
단지 "I AM"에 그치도록 하라.

인간이라는 의식을 내려놓아
'조건 지워지지 않은 존재의 인식'이 그대에게
불멸하는 창조의 머리인,
'형체도 얼굴도 없으면서 모든 것을 아는 현존'으로서
모습을 드러낸다면 영적인 할례를 치른 것이다.
그렇게 장막이 거둬져 깨어났을 때,
"나는 신이고 나 외에는, 즉 이 인식 외에는 어떤 신도 없다"고
선언하고 알게 될 것이다.

이 신비는 예수가 제자의 발을 씻는 성경 속 이야기에도
상징적으로 잘 나타난다.
이야기에서 예수는 자신의 의복을 벗어두고
타월을 들어 허리에 둘렀다고 한다.
그리고 제자의 발을 씻긴 후에

허리에 둘러매었던 타월로 그 발을 닦았다.
베드로는 예수께서 자신의 발을 닦는 것에 이의를 제기하자
예수는 그의 발을 닦지 않는다면
베드로는 더 이상 자신과 관계가 없을 것이라고 말한다.
이 말을 들은 베드로가 대답하니,

주여, 나의 발뿐이 아니라,
나의 손과 나의 머리 또한 씻어주소서

예수가 대답하여 말하되,

이미 목욕한 사람은 발밖에 씻을 필요가 없으니
그는 온 몸이 깨끗함이라.
너희는 깨끗하나 다 그런 것은 아니니라

[요한복음 13:1-10]

단지 발을 씻었다고 모든 면에서 깨끗하다는 말은
상식적으로 옳지 않다.
그래서 사람들은
이 이야기를 터무니없는 것으로 취급해버리거나,

그것이 아니라면 그 이야기 속에 담긴 의미를 찾아야만 한다.

성경의 이야기는 모두 인간의 의식 안에서 일어나는
마음에 관한 드라마이고 이것 또한 예외가 아니다.
여기서 제자의 발을 닦는다는 것은
영적인 할례, 즉 주의 비밀을 드러내는 것에 대한
신비적인 이야기이다.
우리는 예수를 주라 부른다.
우리는 주의 이름을 I AM,
즉 **Je Suis** (역주 : 프랑스어로 I Am을 뜻한다)라고 말한다.

나는(I AM) 주이고,
이것은 나의 이름이라

[이사야 42:8]

이 이야기에서 예수는 옷을 벗고 타월만을 걸쳤다고 한다.
그 타월은 그의 허리를 덮어 비밀스러운 곳을 가리고 있다.
이런 예수의 모습은
그의 비밀이 수건(인간의 의식)에 의해 가려진,
그대 '존재의 인식'을 상징한다.

또 발이란
주에 의해서 모든 인간적인 믿음,
즉 그 자체의 관념들을 씻어내야만 하는 이해를 상징한다.

예수가 제자의 발에 묻은 물기를 닦아내기 위해
수건을 허리에서 풀었을 때 주의 비밀은 드러난다.
요약하자면

> 그대가 인간이란 믿음을 풀어낼 때,
> 그대의 인식은 창조의 머리로서 나타난다.

나는(I AM) 인간의 장막에 가려진 주이다

15

INTERVAL OF TIME
시간의 간격

근심하지 말라.
그대는 하느님을 믿고, 나를 또한 믿으라.
내 아버지의 집에는 많은 저택들이 있으니
그렇지 않았다면 나는 그대에게 말했었을 것이라.
나는 그대를 위하여 처소를 준비하러 가노라.
그리고 내가 가서 그대를 위해 처소를 준비한다면
다시 올 것이고,
내게로 영접하여 내가 있는 곳에 너희도 있게 하리라.

[요한복음 14:1-3]

'나를 믿으라'라는 말에서 '나'는
그대의 의식인 아이엠(I AM)이고, 그것은 하느님이다.
그것은 또한 모든 의식의 상태들이 들어있는 아버지의 집이며,
'의식의 조건 지워진 상태'들 모두는 저택이라 불린다.

위 성경 속 이야기는 그대 안에서 일어난 대화이다.
'조건 지워지지 않은 의식'인 그대의 아이엠(I AM)은
'조건 지워진 자아', 즉 아무개라는 의식에게 말하고 있는
예수 그리스도이다.

"나는 아무개이다"라는 하나의 말 안에는
두 명의 존재가 등장한다.
그것은 그리스도(I AM)와 아무개이다.

그래서 "나는

'그대의 현재 의식상태'에서 '원하는 상태'로 나아가면서,
그대를 위해 처소를 마련하러 간다."
라는 문장은 그대의 '존재의 인식'인 그리스도가
현재의 그대자신에 대한 관념에게,
그대는 현재의 의식을 떠나서 다른 것을 취하게 될 것이라는
하나의 약속이다.

인간은 시간에 얽매여 있기 때문에
만약 세상에 보이지 않는 어떤 의식의 상태를 취했는데
그것이 곧바로 모습을 드러내지 않는다면,
보이지 않는 것에 대한 자신의 확언은 믿음을 잃을 것이고,
곧 소망이 실현된 의식 상태를 버리고 예전의 상태로 돌아간다.
이런 인간적 한계 때문에
나는 준비된 저택으로 들어가는 이 여정을 하는 데에 있어서
구체적인 시간 간격을 정해주는 것이 이롭다는 것을 발견했다.

잠시만 기다리라

우리 인간은 한 주일 동안의 각각의 요일들과,
한 해의 각각의 달들과 각각의 계절들 모두를 구분지어 놨다.

이 뜻은, 우리는 "왜 오늘은 일요일처럼 느껴지지?"
혹은 "월요일 같다", "토요일 같다"라고 종종 말하곤 한다.
또 한 여름에 "왜 가을처럼 느껴지지?"라고 말하기도 한다.
이런 느낌을 말하는 것을 보면
우리가 각각의 요일과 달, 계절에 관해서
구분되는 특정한 느낌을 갖고 있다는 확실한 증거이다.
이런 연상 작용으로 인해서 우리는 어느 때고,
우리가 선택한 날이나 계절에 의식적으로 거할 수 있다.

하지만 소망이 성취되는 시간의 간격을
단 며칠이나 몇 시간, 자기본위적으로 정하지 말라.
왜냐하면 그대가 짧은 시간으로 정한다면
그것을 받는 것에 대해 계속 마음을 졸일 것이기 때문이다.
그냥 단지 그것이 이루어졌다는 확신에 머물게 해야 한다.
(시간은 상대적이기 때문에 완전히 제거되어만 한다.)
그러면 그대의 욕망은 실현될 것이다.

우리가 어떤 시간이라도 그 속에 머물 수 있는 능력은
원하는 저택으로의 여행에서
시간을 사용하는 것을 가능하게 만든다.

이제 나(의식)는 하나의 시간 속으로 가서
그곳에서 처소를 준비한다.
이렇게 한다면
나는 다시 그대를 마중 나가기 위해
내가 떠났던 이 시간으로 다시 돌아와서
내가 준비했던 장소로 그대는 나와 함께 들어갈 것이다.

내가 있는(I AM) 곳에 그대 또한 있게 될 것이다

이제 이 여행의 예를 하나 보여주고자 한다.

그대에게 강렬한 욕망이 하나 있다고 가정하자.
시간이란 개념에 사로잡혀 있는 대부분의 사람들처럼,
그대도 일정한 시간 안에 그 큰 꿈을 이룬다는 것이
불가능하다고 여길지 모른다.
그렇지만 그대는
하느님에게는 무엇이든 가능하다는 것을 인정하면서
그리고 하느님이 그대 안의 나라는 것,
즉 하느님이 그대 존재의 의식이란 것을 믿으며
이렇게 말할 수 있다.

인간으로서 나는 아무것도 할 수 없지만
모든 것은 하느님에게 가능하기에 그리고
하느님, 그분은 내 존재의 의식이란 것을 알기에
나는 곧 나의 욕망을 실현할 수 있다.

어떻게 그 일이 이루어지는지
(인간으로서의) 나는 알지 못하나 바로 내 존재의 법칙에 의해
그것은 그렇게 될 것이다.

이렇게 굳건한 믿음을 갖고, 그대의 소망이 실현될 수 있는
상대적이고 합리적인 시간을 정하라.
그 간격을 너무 짧게 만들지 말라고 다시 한 번 당부하고자 한다.
자연스럽게 이루어질 만한 시간으로 만들라.
누구도 그 시간의 간격을 정해줄 수는 없다.
어느 정도가 자연스럽게 이루어질만한 시간인지는
오직 당신만이 정할 수 있다.

그 시간의 간격은 사람들마다 다르다.
즉, 같은 소망이라도
사람들에게 그것이 이루어지기 가능한 시간에 대해 묻는다면

한 사람도 똑같은 시간을 말하지는 않는다.
시간은 언제나
사람들 각각의 자신에 대한 관념에 따라 결정된다.

    그렇게 자신의 한계에 따라 성취의 기간이 정해질 때
    그대 자신에 대한 믿음이 클수록 그 간격을 짧게 만든다.

만약 그대가 큰 일을 성공하는 것에 익숙한 사람이라면
실패에 익숙한 사람보다 간격을 더 좁게 설정할 수 있을 것이다.

오늘이 수요일인데 그대의 소망이
일요일에는 이루어질 수 있다고 생각된다면
그대가 여행을 떠나야할 목적지는 일요일이다.
이 여행을 떠나기 위해 그대는 수요일이라는 관념을 차단하고
일요일을 안으로 들여보낸다.
이 일은 오늘이 일요일이라고 단순히 느끼는 것으로 할 수 있다.
교회의 종소리를 듣고
일요일의 한산함을 느끼기 시작하는 등,
일요일에 느낄 수 있는 것들을 모두 느껴라.
그렇게 정말 지금이 일요일이라 느껴라.

지금이 일요일로 느껴졌을 때
수요일에는 단지 하나의 소망에 불과했던 것을
이제는 받았다는 사실에 기쁨을 느껴라.
그 소망이 이루어졌다는 것에 대한 전적인 짜릿함을 느껴라.
그런 후에 그대가 떠났던 시간인 수요일로 다시 돌아오라.
수요일에서 일요일로 이렇게 옮겨 가면서
그대의 의식에서는 하나의 빈 공간이 만들어졌다.
자연은 진공을 싫어하기에[스피노자Benedict de Spinoza]
그 빈 공간을 채우고자 그곳에 들어가고,
그것으로 인해 그대가 잠재적으로 만들었던 모습으로,
그러니까 그대가 명확하게 만들었던
'성취된 기쁨'의 모습으로 주형을 만든다.
그대가 수요일로 다시 돌아왔을 때
기쁨이 가득한 기대로 채워질 것이다.
일요일에 반드시 일어난다는 의식을 확고히 했기 때문이다.

그대는 안식 속에서 앞으로 일어날 일을 미리 결정해
변하지 않는 확신으로 남겨두었기 때문에
목요일, 금요일, 토요일이란 시간 동안

어떤 것도 그대를 흔들지 못할 것이다.

그대는 미리 가서 처소를 준비하고
다시 아무개라는 상태로 돌아왔고,
삼일의 시간 동안 그와 함께 있으면서 준비된 처소로 들어가,
그곳에서 그대의 기쁨을 그와 함께 나누게 할 것이다.

왜냐하면

내가 있는(I AM) 곳에
그대 또한 있을 것이기 때문이다.

16

THE TRIUNE GOD
삼위일체

그리고 하느님이 말씀하시니,
우리의 형상대로 우리의 모습을 쫓아 인간을 만들자.

[창세기 1:26]

우리는 하느님이

우리 '존재의 의식'이란 것과
이 '조건 지워지지 않은 불변의 실체(the I AM)'가
유일한 창조자임을 발견했다.

그런데 왜 성경에서는
또 세상의 창조자로서 삼위일체를 언급하는지 알아보자.
창세기 1장 26절에서는

> 그리고 하느님이 말씀하시니,
> 우리의 형상으로 인간을 만들자

라고 기록했다.
교회에서는 이 여럿의 신들을 성부, 성자, 성령이라 부른다.
하지만 그 오묘한 뜻을 알지 못하기 때문에

"성부, 성자, 성령"이 무엇인지에 대해서는
설명하려하지 않는다.

성부, 성자, 성령은 우리가 하느님으로 부르는
'조건 지워지지 않은 인식'의 세 가지 국면 혹은 상태들이다.
'존재의 의식'은
그것이 자신을 무엇으로 인식한 것보다 앞서 존재한다.
이렇게 인식의 결과들보다 앞서 존재하는
'조건 지워지지 않은 의식'이 바로 하느님, 즉 I AM이다.

그것의 세 가지 국면 혹은 분화들은 이렇게 설명될 수 있다.
마음의 수용적인 태도는 인상들을 받아들이는 측면이다.
그래서 이것은 자궁이나 어머니로 비유될 수 있다.
그리고 인상을 만드는 것은 남자 혹은 각인하는 측면이다.
따라서 아버지라 말할 수 있다.
안으로 들어온 상(impression)은 때가 되면
밖으로 표현된 상(expression)이 되고,
그렇게 밖으로 표현된 것은
언제나 안으로 들어온 것의 모습, 형상과 부합한다.
그렇기 때문에 이 형상에 형체를 입히는 측면은

아버지-어머니의 증거의 열매를 맺게 하는 아들로 표현된다.

이 삼위일체의 신비를 이해한 자는
자신이 원하는 것으로
자신의 세상을 완벽하게 변화시키고 창조할 수 있다.

이 신비를 현실에 적용하는 법은 이렇다.
고요하게 앉아서
그대가 가장 세상에 나타내고 싶은 모습이나
가장 갖고 싶은 것을 결정하라.
이렇게 결정한 후에 눈을 감고
그대의 소망을 거부하는 것 모두로부터 의식을 철수하라.
이제 마음의 수용적 태도를 취해,
그대의 욕망이 지금 현실이 되었다면
어떤 느낌을 가졌을 지를 상상하는, '가정 게임'을 시작하라.
마치 우주가 그대에게
지금 원하는 모습이 되었다고 말을 걸어오는 듯,
그것에 귀를 기울여라.
인상들이 만들어지기 전에
이와 같은 수용적 태도라는 의식의 상태를 취해야만 한다.

이런 유연하고 인상을 받아들일 수 있는
마음의 상태가 이루어졌다면
이제 잠시 전에 결정했었던 모습이 이미 되었다고,
혹은 갖고 싶은 것을 이미 갖게 되었다고

주장하고 느껴라

이것으로 그대는 원하는 모습이 되었다는 사실을
당신자아에 각인시킨다.
그 인상이 만들어질 때까지
이런 마음의 태도를 계속 취하라.

그대는 이렇게 원하는 모습 혹은
갖고자 하는 것을 얻었다고 명상할 때,

들이쉬는 모든 숨결마다
기쁨에 넘치는 짜릿함이
몸 구석구석으로 퍼지는 것을 느끼게 될 것이다.

그대가 주장했던 모습이 이미 되었다는 기쁨이

더 크게 느껴질수록 이런 짜릿함은 보다 더 커질 것이다.
그런 후에 마지막으로 깊게 숨을 들이마셨을 때
그대의 존재 모두는 성취의 기쁨으로 폭발할 것이고,
이제 하느님 아버지의 아이를 잉태했음을
느낌으로 알게 될 것이다.

이렇게 인상이 각인되면 곧 눈을 떠서
방금 전에 그대가 차단시켰던 세상으로 다시 돌아오라.
원하는 모습이 되었다는 이 깊은 명상에 잠겨있는 동안 그대는
이런 수용적인 태도 안에서
실제로 영적인 생식작용을 했던 것이다.
따라서 이 고요한 명상에서 돌아왔을 때
이제 아들, 즉 하나의 인상을 임신한 상태가 될 것이다.

이 아이는 어떤 남자의 손길도 거치지 않은
순결한 상태에서 수태된 아이이다.

오직 의심만이 이 씨앗과 인상을 방해할 수 있는
유일한 힘이다.

그대가
그 놀랍고 경이로운 아이를 유산시키지 않고자 한다면
안으로 들어온 인상이 밖으로 표출되기 위해 필요한 임신 기간,
그 기간 동안 비밀을 굳게 잠그고 걸어 나가라.

영적인 그대의 사랑 이야기를
그 누구에게도 말해서는 안 된다.
기쁨 속에서, 믿음 속에서, 즐거움 속에서
그대의 비밀을 내면에 잠궈라.

시간이 흐른 후에
그대와 사랑하는 이 사이에 아들이 태어날 것이고,
그렇게 그대에게 들어온 인상의 속성을
밖으로 표현하고 갖게 될 것이다. 그때,

> 하느님이 말씀하시되,
> 우리의 형상으로 인간을 만들지라

라고 했던 오묘한 신비를 이해하게 될 것이다.

이제 그대는
세 명의 신이란 그대 의식의 세 가지 국면이고
그대는 그대라고 인식한 형상과 모습으로
세상을 창조하기 위해 영적인 비밀집회에 참석한
삼위일체라는 사실을 알게 될 것이다.

17

PRAYER
기도

그대가 기도할 때 그대의 골방으로 들어가라.
그리고 그대의 문을 닫았을 때
비밀 속에 계시는 그대의 아버지께 기도하라.
그러면 비밀 속에서 보고 계시는 그대의 아버지께서
아낌없이 보상하리라.

그대가 구하는 것은 무엇이든,
그대가 기도할 때 이미 받았다 믿어라.
그러면 그것들을 받게 될 것이라.

기도는 가장 경이로운 경험이다.

대부분의 사람들이 하는 것처럼
자신의 목소리가 하느님의 귀에까지 닿게 하기 위해
공허한 반복에 그치는 중얼거림과는 달리,
기도는 의식의 깊고 고요한 정적 속에서 치러진
영적 결혼식에서 오는 희열이다.

      기도의 진정한 의미는 하느님의 결혼식을 말한다.

결혼을 하게 되면 신부는
자신의 성(姓)을 버리고 남편의 성을 따른다.
이처럼 기도하는 자도
자신의 현재 이름, 즉 현재의 본성을 버리고
자신이 기도하는 것의 본성을 취한다.

이 결혼식을 치르는 방법에 대해서
복음서에서는 이렇게 가르친다.

그대가 기도할 때
비밀 속에 있는 내부로 들어가서 문을 닫으라.
그러면 비밀 안에서 보고 계시는 그대의 아버지가
아낌없이 그대에게 보상하리라

[마태복음 6:6]

여기서 내부로 간다는 것은
신부의 침실에 들어가는 것을 말한다.

결혼식 첫날 밤, 신혼의 침실처럼
성스러운 방에는 오직 새신부와 신랑만이 들어가는 것처럼,
성스러운 기도의 시간에는
기도하는 자와 그가 바라는 것만이 들어갈 수 있다.
또 신혼의 방에 들어간 신랑과 신부는
단단히 바깥문을 걸어 잠그듯,
성스러운 기도의 시간에 들어간 자 역시
감각의 문을 닫아 자신을 둘러싼 세상을 완전히 차단해야 한다.

지금 그대가 사랑에 빠진 것(소망하는 것)을 제외한
모든 것들에 대해 의식의 문을 완전히 닫았을 대
이런 일을 할 수 있다.
이 영적인 결혼식의 다음 단계는 이 말 속에 명확히 드러나 있다.

그대가 기도할 때 이미 받았다고 믿어라.
그러면 그대는 받게 될지니

그대가 소망하는 모습이 이미 된 것에 대해,
혹은 원하는 것을 이미 가진 것에 대해,
기쁨에 넘쳐 깊은 명상을 한다면
기도의 두 번째 계단에 올라선 것이다.
그것으로 혼례와 첫날밤을 영적으로 치르게 된다.

기도 혹은 명상하는 동안 취해지는 수용적인 마음의 태도는
인상을 받아들이는 마음의 형태이기 때문에
신부 혹은 자궁에 비유될 수 있다.
그리고 그대가 자신으로 생각하는 모습은
그대가 취하게 되는 성(姓), 즉 자신으로 받아들이는 본성이고
이것은 수태를 하게 만들기 때문에

그것은 신랑이다.
그래서 결혼으로 성(姓)을 취하게 되면 처녀성을 잃는 것처럼,
그대는 이 잉태로 인하여 원하는 것의 본성을 취하면
현재의 본성을 잃게 된다.
그대가 마음속에서 응시한 것의 본성과 성을 취했다면
그대의 모든 세포는
그것이 되었다는 기쁨에 짜릿함을 느낀다.

      이렇게 소망하는 의식을 얻게 되었을 때
      존재 전체를 관통하여 흐르는 이 짜릿함은
   그대가 혼례를 치르고 임신을 하게 되었다는 증거이다.

이 고요한 명상 속에서 깨어나 돌아왔을 때
그대가 남기고 떠났던 세상을 향해, 문은 다시 열린다.
하지만 이번에는 임신한 새색시가 되어 세상에 나온 것이다.
이전까지와는 다른 변화된 모습으로 돌아왔다.
하지만 이 아름다운 로맨스는
다른 이들은 모르고 오직 그대만이 안다.
그럴지라도 얼마가지 않아
침묵의 시간 속에서 자신이라고 느꼈던 모습을

바깥세상에 드러낼 것이기 때문에
세상 역시 이 임신의 증거들을 보게 될 것이다.

세상의 어머니이자 주의 신부는
의도적으로 마리아라는 이름이 붙여졌고, 그 뜻은 물이다.
왜냐하면 물이 다른 것과 함께 섞이게 되면
물의 성질을 잃는 것처럼,
마음의 수용적 태도를 말하는 마리아도
원하는 것의 본성을 사실로 받아들이게 되면
그것의 정체성을 반드시 잃기 때문이다.
지금 자신을 둘러싼 한계와 정체성을
기꺼이 던져버릴 수 있는 자만이
원하는 것들과 하나가 될 수 있다.

> 기도는 이런 본래의 가족과의 헤어짐,
> 그리고 결혼에 성공하는 공식이다.

**둘이 어떤 것에 대해 뜻을 같이 한다면
그것은 이 땅 위에 세워지리라**

[마태복음 18:19]

여기서 말하는 둘은
그대라는 신부와 소망하는 것이라는 신랑이다.
이렇게 둘이 뜻을 같이 했을 때
이 결합의 증거를 가져오는 아들은 태어날 것이다.
그대는 자신이라고 인식한 모습이 되고,
자신이 가졌다 인식한 것을 소유한다.
그때 더 이상 기도를,
'소원을 이루어달라고 하느님에게 간청하는 것'으로 보지 않고,
'그대자신을 원하는 모습으로 인식하는 것'으로
이해하게 될 것이다.

수많은 사람들의 기도는
이 세상에 존재하지도 않는 하느님에게
계속 간청하는 것이기에 응답받지 못한다.

의식이 곧 하느님이기에, 그대가 구하고자 하는 것을
의식 안에서 구해야만 한다.
이 일은 소망하는 것의 본성에 대한 의식을
사실로 받아들임으로써 이루어진다.
오직 이 때만 그대의 기도는 응답될 것이다.

자신은 지금 가난하다 인식하면서
풍요롭게 되기를 기도한다면
그에게 돌아올 보상이란
오직 그가 인식하는 것, 바로 가난뿐이다.

기도가 성공하기 위해서는
간청이 아닌 주장이 되어야 하고,
나의 것으로 취해야 한다.

소망하는 것을 긍정하는 의식을
사실로 받아들이라.
그대의 욕망을 뚜렷이 한 채
고요하게 내부로 들어가
문을 닫아라.
그리고 그대의 소망 안에 푹 빠져
그것과 하나라고 느껴라.

그리고 그대는 이미 원하는 모습이고,
원하던 것을 이미 가졌다고
주장하고 느껴라.

이렇게 해서 그대가
소망의 생명과 이름 안으로 흡수되어 하나가 될 때까지
이 확고함 안에서 머물라.
기도의 시간을 마쳤을 때
그대는 예전에 원하던 존재가 되었고,
원하던 것을 가졌다는 것을 인식하게 될 것이다.

18

THE TWELVE DISCIPLES
열두제자

예수께서 자신의 열두 제자들을 불러,
그들에게 '더러운 영들을 쫓아내고
모든 종류의 아픔과 병을 치유할 권능'을 주시더라.

[마태복음 10:1]

열두제자(disciples)는

인간이 훈련(discipline)시킬 수 있는
마음의 열두 가지 속성을 보여준다.
이렇게 마음의 기능들을 훈련한 사람은
어느 때라도 자신의 뜻에 따라 마음을 조절할 스 있다.
이런 마음의 열두 가지 속성들은
모든 사람들 안에 잠재되어 있다.

마음이 훈련되지 않았다면,
그것은 양성되고 훈련된 군대처럼 행동하지 못하고
마치 오합지졸의 군중 같을 것이다.
인간을 삼켜버리는 모든 격정과 혼란의 직접적인 원인은
깨어있지 못한 상태에 있는
열두 가지 마음성향들의 부조화에 있다.
우리가 이 마음의 속성들을 깨워 훈련시킬 때까지는

항간에 떠도는 이야기와 감각의 흔들림 모두에
계속 영향을 받을 것이다.
하지만 이 마음의 열두 가지 속성을 훈련하여 통제할 수 있다면
그때 이렇게 외칠 것이다.

이제부터 나는 그대를 종이라 부르지 않고
친구라 할 것이다

[이제부터 나는 그대들을 종이라 부르지 않을 것이라. 종이란 그의 주인이 하는 일을 알지 못하기에 그렇다. 그래서 나는 그대들을 친구라 부를 것이다. 왜냐하면 내가 나의 아버지에게서 들었던 모든 것을 이제는 그대에게 알게끔 할 것이기 때문이라. 요한복음 15:15]

그때부터 '훈련된 마음의 속성'들은
친구가 되어 자신을 보호해줄 것이란 것을 안다.
이 열두 가지의 이름(열두 제자의 이름)은
그것들의 본성을 보여준다.
그들을 제자로 받아들였을 때 그들에게 이름이 주어졌다.

그들의 이름은:

훗날 베드로라는 이름이 붙여진 시몬, 안드레, 야고보,
요한, 빌립, 바르톨로뮤, 도마, 마태,
알패우스의 아들 야고보, 다대오,
가나안인 시몬, 마지막으로 유다이다.

처음으로 이름이 붙여지고 훈련된 성질은 시돈이다.
그것은 듣는 속성을 말한다.
이 기능이 제자의 수준까지 높아진다면 (훈련된다면)
청각은 선별한 인상만을 의식에 전달한다.
인류의 지혜가 무어라 말하든,
감각기관이 어떤 것이 현실이라 말하든,
이 듣는 기능이 훈련된 자는
그런 제안과 생각들이 자신이 듣는 것과 일치하지 않는다면
조금도 영향을 받지 않는다.
이 사람은 자신의 문을 지나가게 하는 모든 생각들이
자신의 주와 마스터(그의 의식)에 도달하면
그 인상들을 그곳에 남기고
그것들은 장차 바깥세상의 실체가 된다는 것을 이해했다.

시몬에게 내려진 명령은

고귀하고 올바른 방문객만을 주의 집에 들게 하라는 것이었다.
다시 말해
고귀하고 올바른 인상만을 의식 안에 들게 하라는 것이다.
그가 저지른 어떤 실수도 주에게서 감추거나 가릴 수 없다.
왜냐하면 삶에 나타난 모든 것들은
그가 알고 한 것이든 모르고 한 것이든,
집으로 맞이한 이가 누군지 그의 주에게 말해주기 때문이다.

시몬은 자신이 한 일들을 통해
진실하고 충실한 제자임을 증명했을 때
예수는 그에게 베드로라는 성(姓)을 내렸다.
베드로는 그 누구에게도 매수되지도 굴복되지도 않는
굳건한 반석을 뜻한다.
그래서 주는 그를 시몬 베드로라고 불렀다.
다시 말해 주의 목소리만을 충실하게 따르고
그 외의 것들에는 귀를 기울이지 않는 자라고 불렀다.

내가(I AM) 그리스도인 것을 발견한 이가
바로 시몬 베드로이다.

그리고 시몬의 이런 깨우침은
하늘나라로 가는 열쇠이자
하느님의 사원이 세워질 반석을 제공한다.
건물이 세워지기 위해서는
반드시 튼튼한 기초를 갖추어야만 한다.

그래서

나는(I AM) 그리스도이고
나 외에는 어떤 구세주도 없다는 앎,
이 위에서 굳건하게 흔들리지 않으려면,
오직 내가(I AM) 그리스도인 것을 버워서
듣는 기능이 훈련되어야만 한다.

제자로 받아들여진 두 번째 속성은 안드레이고
용기를 뜻한다.
자신에 대한 믿음이 점점 커져서
첫 번째 속성이 깨어나면 자연스레 그의 형인 용기를 불러온다.
'자신에 대한 믿음'은
다른 사람에게 도움의 손길을 요구하지도 않고,

다만 고요하게 그리고 홀로 원하는 것에 대한 의식을 취한다.
그것은 아무리 이성과 감각이
그 의식과 반대되는 현실을 보여주더라도,
믿음을 계속 유지한다면
'보이지 않는 주장'은 반드시 현실이 될 것이란 것을 알면서
인내심 있게 기다리며 믿음을 유지한다.
그런 믿음은 보이는 것만을 믿는,
'훈련되지 않은 인간들의 황량한 꿈'들을 넘어서
용기와 강함의 품성을 계발시킨다.

마음을 단련하지 않은 인간들의 믿음이란
인간의 군대, 인간의 약, 인간의 지혜에 의지하고 있다.
그러나 그것들이 수중에서 떠나버린다면
믿음과 용기도 함께 사라져버린다.
그렇기에
이런 자들이 말하는 믿음은 진정한 믿음이라 말할 수 없다.

하지만 마음이 훈련된 자는
세상 모든 것이 자신을 떠나버린다 해도
자신이 머물고 있는 의식상태는 때가 무르익을 때

형체의 옷을 입게 될 것이라는 것을 알아,
믿음을 유지할 것이다.
이런 담대한 태도가 베드로의 형인 제자 안드레이다.
그는 담대하다는 것이 무엇인지, 행동한다는 것이 무엇인지,
침묵한다는 것이 무엇인지 알았던 자이다.

세 번째, 네 번째 제자가 되었던 두 사람도 혈족관계였다.
이들은 형제였고, 이름은 야고보와 요한이다.
정의, 즉 올바른 판단을 말하는 야고보와
사랑을 뜻하는 제자였던 요한이다.

정의가 지혜로워지기 위해서는
반드시 사랑으로 다스려져야만 한다.
사랑이란
한쪽 뺨을 맞았을 때 언제나 반대편 뺨을 내어주고,
악과 대면했을 때는 언제나 선으로 응대하고,
증오는 사랑으로, 폭력에는 비폭력으로 돌려주는 것이다.

훈련된 판단을 상징하는 야고보는,
그에게 최고평의회의 고위직의 임무가 맡겨졌을 때

살덩어리에 영향을 받지 않게 하고
존재의 외형을 쫓아 판단하지 않기 위해서
눈을 보이지 않게 해야만 했다.
외부의 모습에 영향을 받지 않는 자만이
훈련된 판단을 내릴 수 있다.

이 형제들에게 제자의 자격을 준 자는(이 마음의 속성을 훈련한 자는)
그가 들어야만 한다고 명령된 것만을 듣도록
'그의 명령'에 계속해서 믿음을 유지한다.
바로 그것은 선(Good)이다.
마음의 이런 속성을 훈련시킨 사람은
자신에 대해서든 타인에 대해서든,
자신의 가슴을 사랑으로 채우는 것이 아니라면
그 무엇도 들을 수도 없고, 현실로 받아들이지 못한다.

이들 두 명의 제자, 즉 두 가지 마음의 성질이 일깨워진다면
이것들은 분리될 수 없는 하나이다.
그렇게 훈련된 자는
모든 사람을 지금의 모습 그대로 용서한다.
그는 이제 세상을 보고 현명한 판단을 하게 된다.

자신을 둘러싼 세상 모두는
단지 그가 자신의 모습으로 인식한 것을,
있는 그대로 표현한 것뿐이란 것을 알게 된다.
그리고 불변하는 의식의 토대 위에 세상 만물이 놓여 있고
그것들을 변화시키기 위해서는
오직 의식의 변화가 일어나야만 이루게 된다는 것을 깨닫는다.
이런 마음의 특성이 계발되었다면
이젠 더 이상 세상을 보며 어떤 비난과 비판도 하지 않으며
세상 모든 사람들을 자신의 모습으로 인정한다.
하지만 이렇게 세상의 모습 전부를 선택할 수 있는
완벽한 자유가 허락되었다고 하더라도,
그는 자신의 선택이 세상의 모습이 되었을 때
그것이 영광되고 고귀하고 기쁨을 주는 것이 되도록
언제나 주의 깊게 예언하고 행한다.

다섯 번째 제자로 받아들여진 자는 빌립이다.
빌립은 예수께 아버지를 직접 보여주기를 요청했다.
하지만 깨어난 자에게 '아버지'란
자신이 머물고 있는 의식의 상태를 말한다.
아버지라 일컬어지는 의식의 상태는

그것이 외부로 현현되었을 때에만 사람들의 눈에 보인다.
깨어난 자는 자신이라고 인식한 모습과 형체가 완벽히 드러나,
자신이 된다는 것을 안다.
그래서 이렇게 선언한다.

**아무도 어느 때나 하느님을 본 사람이 없지만
아버지의 품에 있는 아들인 나만이
하느님을 드러내었더라.**

[아무도 어느 때나 하느님을 본 사람이 없지만 아버지의 품 안에 계신 독생자뿐이라. 그가 하느님을 분명히 밝히셨느니라." 요한복음 1:18] [그리하여 그대가 아들인 나를 볼 때면 그대는 나의 아버지를 본다. 내가 나의 아버지의 증거를 가져오기 위해 왔기 때문이라. 만일 그대가 나를 알았다면 그대는 또한 나의 아버지를 알았을 터이다. 이제는 그대가 그를 알고, 그를 보았느니라. 요한복음 14:7] [너와 그리도 오래 있었는데 너는 나를 모르느냐, 빌립아? 나를 봤던 자는 아버지를 보았다. 그런데 어찌하여 그대는 그렇게 아버지를 보여 달라고 말하는가? 그대는 내가 아버지 안에 있고, 아버지는 내 안에 있다는 것을 믿지 못하는가? 내가 너에게 하는 말은 내 자신이 하는 것이 아니라 내 안에 거하시는 아버지께서 행하시는 것이다. 나는 아버지 안에 있고, 아버지는 내 안에 있다는 것을 믿으라. 그렇지 못하겠거든 행한 그 일들을 보고 나를 믿으라. 요한복음 14:9-11]

나와 나의 아버지,
그리고 의식과 그것의 표현들,
그리고 하느님과 인간,
이 모든 것은 하나이다.
빌립이라는 마음의 속성이 훈련되었다면
생각들과 야망들과 욕망들이 '형체를 얻은 실체'가 될 때까지
계속 주장할 것이다.
이것은

> **그러나 나의 육신에서 나는 하느님을 볼 것이라**[욥기 19:26]

고 말하는 속성이다.
그것은 말씀에 어떻게 육신을 입히는지,
즉 형체 없는 것들에게 어떻게 형체를 부여하는지를 안다.

여섯 번째 제자는 바르톨로뮤라고 불린다.
이 마음의 기능은 상상하는 능력을 말하고,
이 능력이 일깨워진다면
구분 지어지지 않은 덩어리에서 특정한 하나를 구분해낸다.
깨어난 상상력은

평범한 사람 위에, 어둠의 세상에서 햇불이 되어 줄 수 있는
깨어있는 머리와 어깨를 준다.

사람과 사람 사이에 능력의 차이를 가져오게 하는
가장 큰 요인은
상상력이 훈련되었느냐의 여부이다.
이것은 왕겨에서 밀의 분리이다.
이 사회에 많은 영향력을 줬던 사람들은
생생한 상상력을 지녔던
예술가, 과학자, 발명가 같은 이들이었다.
고등교육을 받은 남자들과 여자들 중 대다수가
학업을 마친 후에 실패를 겪는 이유에 대해 조사를 했더라면,
아니면 무엇이 사람마다
다양한 소득의 차이를 갖게 하는지 이유를 조사했더라면
그것은 의심할 여지없이
상상력이 중요한 비중을 차지한다는 것을 발견하게 될 것이다.
이런 조사를 통해
자신을 리더로 만들 수 있는 것도 상상력이고,
또한 자신을 그냥 리더를 따르는 무리중 하나로 만드는 것도
상상력이란 사실을 밝혀줄 것이다.

현재의 교육시스템은
인류의 상상력을 계발시키지 못하고,
그저 우리가 구하는 지식을 책을 통해 주입시킴으로써
상상력을 질식시켜 버리게 한다.
현재의 교육시스템은 수많은 책들을 통해
우리에게 암기해야 할 것들을 주지만,
곧 얼마 안가서 그런 지식들 전부는
미래에 밝혀질 새로운 지식들에 의해 폐기처분된다.
인류에게 무언가를 주입시킴으로 교육이 완성될 수는 없다.

교육의 목적은
인간 안에 잠들어 있는 지혜를 끌어내는 것에 있다.
바스톨로뮤라는 마음의 기능이
제자의 지위까지 끌어올려진다면(훈련된다면)
그대는 인간의 한계를 넘어서게 하는 생각들을
품을 수 있을 것이다.

그렇기에 이 글을 읽는 그대가
바스톨로뮤에게 제자의 지위를 주기를.

일곱 번째 제자는 도마이다.
이 마음의 기능이 훈련된다면 자신에게 들어오는 생각들이
시몬 베드로가 들여보낸 것과 일치하지 않는다면
그것들 모두를 의심하고 거부한다.
자신이 건강하다고 인식한 자는
(그 이유가 건강 체질이나 음식, 날씨 때문이 아니라,
그가 깨어있어 자신이 거하고 있는 의식의 상태가 건강이란 것을 알기 때문에)
세상의 어떤 조건에도 불구하고 건강함을 나타낼 것이다.

전염병이 세상을 휩쓴다는 이야기가 신문이나 라디오를 통해,
혹은 가장 지혜롭다는 사람의 입을 통해 전해지고 있더라도,
깨어있는 자는 아무런 미동도 보이지 않은 채,
또 마음속에 어떤 인상도 남기지 않은 채
그 이야기를 들을 수 있다.
의심하는 자인 도마는 그 기능이 훈련된다면
자신의 의식과 일치하지 않는, 병과 같은 것들을 거부할 것이다.
그리고 그렇게 거부된 것들은 조금도 영향을 미치지 못한다.

거부하는 마음의 기능은 그것이 훈련되었다면
자신의 본성과 조화되지 않는 인상을 받아들이지 못하게 한다.

그는 자신이 원하는 세상의 모습과 거리가 먼
모든 암시들에 대해 전적으로 냉담한 태도를 취한다.

훈련된 거부는
싸움도 투쟁도 아닌,
완벽한 무시이다.

여덟 번째 제자인 마태는 하느님의 선물이다.
이 마음의 속성은 인간의 욕망을 하느님의 선물로 나타낸다.

이 제자를 불러낸 자는
마음 속 모든 욕망이 하늘에서 온 선물이란 것과
욕망은
모두 그 안에 스스로 성취해낼 힘과 계획이 있다는 것을 안다.
그는 어떤 방법을 통해
욕망이 실현되는지에 관해 의문을 품지 않고,
다만 하느님의 방법은 우리가 이해하지 못하기에
그 계획 또한 결코 인간에게 누설되지 않는다는 것을 안다.
그는 자신의 욕망을
이미 그것의 실현된 선물로써 완전히 받아들인다.

그래서 그것이 곧 세상에서 모습을 나타낼 것이라고 확신하고,
평정을 유지한 채 자신의 길을 간다.

아홉 번째 제자는 알패우스의 아들 야고보이다.
통찰력 있고 정돈된 마음은 이 제자를 부르는 목소리이다.
이 기능은 인간의 눈에 보이지 않는 것을 인지해낸다.

이 제자는 원인의 세계에서 활동하는 능력을 갖추고 있어서
결코 외형에 현혹되어 잘못 인도되는 일이 없기 때문에
눈에 보이는 것에 근거해서 판단하지 않는다.

이 기능이 계발되고 훈련된다면 투시라는 능력이 일깨워진다.
그렇다고 강령회에서 말하는 투시가 아닌
신비가들의 투시(clairvoyance),
즉 통찰력 있는 시야(clear seeing)를 말한다.
다시 말해 이 마음의 속성은
보이는 것을 해석하는 능력을 가졌다.
분별력 혹은 분석하는 능력은
'알패우스의 아들 야고보'의 재능이다.

열 번째는 다대오, 즉 찬양의 제자이다.

이 마음의 속성은
훈련되지 않은 사람들에게서는 거의 찾아볼 수 없는 것이다.
찬양과 감사의 재능이 우리 안에서 깨어난다면
그렇게 깨어난 자는 "감사합니다. 하느님"이란 말을
심지어는 소리를 내며 다닐 것이다. 그는

　　　　　보이지 않는 것에 대한 감사가
　　　　하늘나라의 문을 열어, 넘치도록 많은 선물들이
　　　자신에게 쏟아져 내리도록 하는 것이란 것을 안다.

이미 받은 것에 대해 감사하지 않는 자는
지금의 선물을 보낸 바로 그 원천에서
더 많은 선물을 받지 못할 것이다.

이런 마음의 속성이 일깨워지기 전까지는
그 누구도 사막에서 장미가 피어나는 것을 브지 못할 것이다.
대지에 묻힌 씨앗이 땅을 뚫고 세상에 나타나기 위해선
비와 태양이 필요한 것처럼,

마찬가지로 보이지 않는 하느님의 선물(욕망)이
세상에 모습을 나타나기 위해선 칭찬과 감사가 필요하다.

열한 번째 속성은 가나안의 시몬이라 불린다.
"좋은 소식을 듣다"라는 성경 속의 문장이
이 제자를 잘 설명해주고 있다.

제자의 자격이 주어진 가나안의 시몬,
즉 우유와 꿀의 땅에서 온 시몬은
'이 마음의 기능을 불러낸 자는
풍요로운 삶을 인식하게 된다'는 증거를 보여줬다.
시편의 작자인 다윗의 말로 그를 이렇게 표현할 수 있다.

> 그대는 나의 적들이 참석한 가운데
> 내 앞에 식탁을 준비했고,
> 그대는 나의 머리에 기름을 부어주어
> 나의 컵은 흘러넘쳤나이다.
>
> [시편 23:5]

훈련된 이 마음의 속성은 오직 좋은 소식만을 들을 수 있다.

그래서 복음(Gospel), 즉 '좋은 말씀(Good-spell)'을
설교하는 데에 아주 적합하다.

열 두 번째이자 마지막 훈련된 마음의 속성은 유다이다.
우리에게 이 속성이 일깨워진다면 우리는

> 원하는 모습이 되기 위해서는
> 현재의 존재는 죽어야만 한다는 것을 이해한다.

그래서 성경에서는 유다의 자살을 이야기한다.
신비가들은 이 이야기를 두고 입문자들에게
유다는 '분리(detachment)를 훈련시킨 것'이라그 말해준다.

유다는
자신의 IAM 혹은 자신의 의식이 자신의 구세주인 것을 알기에
다른 구세주들을 모두 떠나보낸다.
우리가 이 마음의 속성을 충분히 훈련했다면
다른 것들을 모두 떠나보내는 힘을 가지게 될 것이다.
유다를 불러낸 사람은
자신의 의식을 어떻게 문제나 한계에서 떠나보내게 한 후에

그것을 문제가 해결된 것,
즉 구세주에 두는 지에 대해 알고 있다.

**그대가 다시 태어날 때를 제외하고는,
어떻게 해서도
하늘나라의 왕국에 들어갈 수 없더라**

["진실로, 진실로, 내가 그대에게 말하니 다시 태어나지 않는 한 그는 하느님의 왕국을 볼 수 없더라." 요한복음 3:3]

**사람이 이보다 더 위대한 사랑은 가질 수 없으니,
그것은 자신의 생명을 친구를 위해 주는 것이라**

["그 누구도 이보다 더 위대한 사랑은 가질 수 없으니, 그것은 한 사람이 자신의 친구를 위해 자신의 생명을 내려놓을 때이라." 요한복음 15:13]

'원하는 모습'이 현실이 된다면
그것이 자신을 구하고 친구가 된다는 것을 이해했을 때
우리는 자신이라 인식하고 있는 것에서 의식을 분리시키고
우리가 원하는 모습의 의식을 취한다.
우리는 이것을 통해
친구를 위해 기꺼이

우리의 생명(현재 자신에 대한 관념)을 포기한다.

무지에 덮인 세상은 유다에게 반역자라는 오명을 씌웠지만,
인류가 훈련되지 않은 상태의 잠에서 깨어난다면
유다에게 그의 원래 위치인 가장 높은 자리로 돌려놓을 것이다.
왜냐하면 하느님은 사랑이고,
인간이 가질 수 있는 가장 위대한 사랑은
친구를 위해 자신의 생명을 내놓는 것이기 때문이다.
지금 나로 인식하는 것을 떠나보내기 전까지는
그 누구도 원하는 모습이 되지 못할 것이다.
유다는 자살을 통해 이것을 이루었다.
그것은 바로 현재의 모습에서 분리됨을 말한다.

이들 열두 명의 제자는
'세상이라는 토대 속에 사는 인간'에게 주어진,
열두 가지 마음의 속성이다.

> 인류에게 부과된 의무는
> 그 마음의 속성들을 제자의 위치까지
> 끌어올리는 것이다.

이것을 완성했을 때 우리는 말할 것이다.

그대가 나에게 하라고 준 일을 끝냈나이다.

이제 아버지시여,
세상이 있기 전에 내가 아버지와 함께 갖고 있던
그 영광으로 그대 자신의 자아를 가지고
나를 영화롭게 하여 주옵소서

[요한복음 17:4, 5]

19

LIQUID LIGHT
투명한 빛

우리는 그분 안에 살고 움직이고, 존재하더라.

[사도행전 17:28]

이 세상을 마음의 눈으로 본다면
마치 빛의 대양처럼 보인다.
투명한 빛에 쌓여 맥박 치는 하나의 몸처럼
그 안에는 인간을 포함한 만물을 포함하고 있는 빛의 대양이다.

홍수에 관한 성서의 이야기는
인간이 살고 있는 상태에 관한 이야기이다.
인류는 정말 투명한 빛의 대양 속에 침수되어 있고,
그 안에는 수많은 빛의 존재들이 움직인다.
그렇게 성서 속 홍수의 이야기는
오늘날에도 실제로 재연되고 있는 중이다.

인간은 방주이고,
그 안에는 살아있는 모든 것들의 남성-여성 원리들을 담고 있다.
메마른 땅을 찾기 위해 비둘기(생각)를 보냈을 재

그것은 생각을 현실로 만들기 위한 인간의 시도를 말한다.
인간의 생각은 쉴 곳을 찾지 못해 다시 그에게 돌아오는
하늘의 새(이야기 속의 비둘기)를 닮았다.
만약 우리도 무익한 탐험으로 용기를 잃지만 않는다면
새는 언젠가 푸른 잔가지를 물고 돌아올 것이다.

그가 소망이 성취된 의식을 받아들였다면
비록 그것들을 현실에서 만져보지는 못했을지라도
이미 이루어졌다는 확신을 지니게 될 것이고
의식 속에서 자기가 취했던 존재가 이미 되었다고
느끼고 알 것이다. 그리고 어느 날
마음속에 품었던 형상을 자신이라 인식할 정도까지
동일시할 것이다. 그때 이렇게 선언할 것이다.

I AM

I AM that I AM (나는 내가 소망하는 모습이다)

그렇게 했다면
욕망에 형체를 부여하게 될 것
(욕망이라는 비둘기는 이때 메마른 땅을 발견할 것)이고

이로써 육신을 입은 말씀의 신비를 깨달을 것이다.
세상 모든 것은 이 투명한 빛이 결정화된 것이다.

나는(I AM) 세상의 빛이라

[요한복음 8:12, 요한복음 9:5, 요한복음 12:46]

'존재의 인식'은 세상의 투명한 빛이고
자신에 대한 관념에 의해 결정화된다.
'어떤 조건도 지워지지 않은 존재의 인식'은
우주의 본래의 진동속도인 투명한 빛으로 자신의 모습을 본다.
만물,-즉 가장 높은 생명의 진동속도에서
가장 낮은 생명의 진동속도들 혹은 생명의 표현-들은
이 최초의 진동속도가 다양한 속도로 변한 것,
그 이상도 이하도 아니다.
따라서 금, 은, 철, 나무, 생물 등은
단지 이 하나의 근원-투명한 빛-의 다른 표현
혹은 다른 속도일 뿐이다.

만물은 투명한 빛이 결정화된 것이고,
이런 표현의 다양함 혹은 무한함은

생각하는 자가 자신을 알기 위한 욕망에 의해서 생겨난다.

자신에 대한 관념은
그 관념을 현현하는 데에 필요한 진동속도를
자동적으로 결정한다.

세상은 투명한 빛의 바다이다
무한하게 다양한 결정 상태들 속에 있는
투명한 빛의 바다

20

THE BREATH OF LIFE
생명의 숨을 불어넣으니...

그때 주 하느님이 땅의 흙으로 인간을 지으시고,
그의 코에 생명의 숨을 불어넣으셨으니,
살아있는 존재가 되었더라. [창세기 2:7]

영의 길이 어떤 것인지,
아이를 밴 여인의 태에서 뼈들이 어떻게 자라는지
네가 알지 못함같이
만물을 지으신 하느님의 일들을 네가 알지 못하느니라. /
어머니 태속의 아이의 수족으로
어떻게 생명의 숨이 들어가는지
네가 알지 못함같이
모든 것을 지으신 하느님이 일하는 방법을
너는 또한 이해하지 못하느니라. [전도서 11:5]

이런 일들이 일어난 후에
그 집의 안주인인 그 여인의 아들이 병들었는데,
그의 병이 심히 악화되어 그에게서 숨이 끊어진지라.

[열왕기상 17:17]

그리고 그(엘리사)가 올라가서 아이 위에 엎드려
자기 입을 아이의 입에, 자기 눈을 아이의 눈에,
자기 두 손을 아이의 두 손에 대었더라.
그가 자기 몸을 그 아이 위에 대자
그 아이의 살이 점점 따뜻해지더라.

[열왕기하 4:34]

사흘 반 후에 하느님께로부터 온 그 생명의 영이
그들에게로 들어가니 그들이 자기 발로 서더라.
그러자 그들을 바라보던 자들에게
큰 두려움이 임하더라.

[요한계시록 11:11]

예언자 엘리사는 정말 죽은 과부의 아들을 살렸을까?
이 이야기는, 다른 성경의 이야기들처럼
인간 안에서 일어나는 마음에 관한 드라마이다.

과부는 세상 모든 남자와 여자를 상징하고,
죽은 아이는 인간의 좌절된 욕망과 야망을 나타낸다.
그리고 예언자 엘리사는 인간 내부의 힘, 즉 '존재의 인식'이다.

예언자는 과부의 품에서 죽은 아이를 안고 위층 방으로 갔다.
문을 닫고 아이를 침대 위에 올려놓고 숨을 불어넣는다.
아이의 어머니에게 돌아와,
아이를 그녀 품에 넘겨주며 말하기를,

여인이여, 그대의 아들은 살았다

["보라, 그대의 아들은 살았다." 열왕기상 17:23]

이 이야기의 죽은 아이는 인간의 욕망을 상징한다.
어떤 이의 마음속에 욕망이 남아있다면 그것은
아직 세상에서는 살아있는 실체가 아니란 증거이다.
그는 모든 방법을 동원하여 이 욕망을 실체로 만들기 위해
보살피고, 즉 이 욕망을 살리려고 하지만
결국에는 그런 노력들 모두가 허사가 된다.

대부분의 사람들은
예언자처럼 자신 안에 있는 무한한 힘을 인식하지 못한다.
그래서 자신들에게 다가온 욕망을
내부의 무한한 능력이 보낸,
'성취를 향한 긍정적 신호'라고 생각하지 못한 채
죽은 아이를 계속 품에 안고만 있다.

하지만 의식이란 것이 자신이 인식하는 것 모두에게
생명을 불어넣는 예언자라는 것을 일단 알게 된다면,
문제를 향해 열린 '감각의 문'을 닫고
의식을 원하는 것에만 확고하게 머물게 한다면
자신의 욕망은 반드시 실현될 것이란 것을 알고
그렇게 행동할 것이다.

그는 원하는 모습이 이미 되었다고 주장하거나,
아니면 갖고자 하는 것을 이미 가졌다고 주장한다면
욕망에 생명의 숨을 불어넣게 된다는 것을 깨닫게 될 것이고
이로써 자신의 인식이 생명의 숨이란 사실을 알게 될 것이다.

자신이 주장했던 욕망의 본질은
(그가 모르는 방식으로) 움직이기 시작할 것이고
자신의 세상에서 살아있는 실체가 될 것이다.

그렇다

이 이야기 속의
예언자 엘리사는 인간의 '한계 없는 존재의 의식'으로,
과부는 인간의 '제한된 존재의 의식'으로,
아이는 '소망하는 대상'으로서

영원히 우리 안에서 살고 있다.

21

DANIEL IN THE LIONS' DEN
사자 굴에 갇힌 다니엘

네가 늘 섬기는 하느님,
그 분이 널 건져낼 것이라.

[다니엘 6:16]

다니엘의 이야기는 우리 모두의 이야기이다.

성서에서는 사자굴에 갇힌 다니엘이
굶주린 맹수들에게 등을 돌렸다 말한다.
그리고 위에서부터 비추는 빛에만 시선을 향한 채
만물의 근원이자 유일한 하느님에게 기도했다.

    굶주린 사자들은 예언자를 해치지 못하고
      무력한 채로 있었다

다니엘의 '하느님에 대한 믿음'은 굉장히 견고했었고,
이로써 그는 자유를 얻고 나라의 고위관직에 오르게 된다.

이 이야기는 '문제라는 감옥'에 갇힌 그대에게
자유를 얻는 방법에 관해 말하고 있다.

만약 우리가 사자굴에 갇혔다면
세상의 다른 문제들에 대해서는 눈을 돌리지 못하고
오로지 사자에게만 사로잡혀 있을 것이다.
하지만 다니엘은 당당히 등을 돌려
하느님이라는 빛만을 향해 시선을 두었다.
사자굴에 갇혔을 때,
즉 가난이나 병과 같은 어떤 무서운 재앙이 닥쳤을 때
우리도 다니엘처럼 하느님인 빛만을 향할 수 있다면
우리의 해결책도 다니엘의 경우처럼 간단할 것이다.

예를 들어 그대가 속박되어 있다면
그 누구도 그대에게 자유라는 것을 소망해야 한다고
말해줄 필요가 없을 것이다.
자유, 더 정확히 말해서 자유롭게 되고자 하는 욕망은
자동적으로 주어진다.

그것은 그대가 아플 때나 큰 빚을 졌을 때나
아니면 다른 곤경에 갇혔을 때도 같다.
사자들은 해결하지 못할 것처럼 보이는
위협적인 상황을 나타낸다. 하지만

모든 문제들은
'문제로부터 해결되고자 하는 욕망'이란 형태로
그것의 해결책을 제시해준다

그런 까닭에 문제로부터 등을 돌리고
그대가 바라던 모습이 이미 된 것을 느껴서
그대의 의식을 바람직한 해결책에 두어라.
그리고 이 믿음을 계속 고수하라.
그러면 그대가 인식하는 것은 세상에 모습을 드러내게 되고,
이것으로 그대를 가두던 감옥의 벽은 무너지게 될 것이다.

빚더미에 쌓여 희망조차 없어 보이던 사람이
이 원리를 삶에 적용하는 것을 봤다.
얼마 가지 않아 그 산더미 같던 빚은 사라졌다.
또 의사가 불치라고 진단을 내린 사람이,
이 원리를 적용해 믿을 수 없을 만큼 짧은 시간 안에
어떤 흔적도 남기지 않고 깨끗하게 완치된 것을 보았다.

그대의 욕망을 하느님의 말씀으로 여겨라.

그리고 그것을,
그 욕망이 가리키는 존재가 될 수 있다는
'예언의 말씀'으로 받아들여라.

이 욕망들을 이룰만한 가치가 있는지
스스로에게 묻지 말라.

그냥 그대에게 오는 그 모습 그대로 받아들이고,
마치 선물을 받은 마냥 감사하라.
그런 경이로운 선물을 받았다는 사실에
기쁨과 감사함을 느껴라.

그런 후에 평화롭게 그대의 길을 가라.

그렇게 순수하게 욕망을 받아들인다면
그것은 마치
언제나 준비되어있는 토양 안에
풍작을 예고하는 씨앗을 심는 것과 같다.
그 욕망에 잠재된 것이
세상 안에서 활짝 피어날 것이란 것을 확신하면서

욕망이란 씨앗을 의식이란 토양 안에 심었다면
해야 할 모든 것을 한 것이다.

그것들이 어떻게 자라게 될 것인지에 대해
걱정하고 고심한다는 것은
이런 풍요로운 씨앗을 정신적으로 꽉 움켜쥐어
충만한 수확을 향해 자라는 것을 막게 된다.

   결과에 대해 걱정하거나 신경 쓰지 말라.
    밤이 가면 낮이 오는 것처럼
   그 결과 역시 반드시 따라올 것이다.

증거가 그대 앞에 모습을 드러낼 때까지
그 뿌려놓은 씨앗에 믿음을 가져라.
그대가 이 과정에 대해 믿음을 가졌다면
큰 보상이 따를 것이다.

소망한 것의 의식 안에서 잠시 기다린다.
그러면 갑작스럽게, 기대조차 하지 않았을 때
그대가 느꼈던 것은 그대의 모습으로 나타난다.

삶은 그 누구도 차별하지 않고 그 무엇도 파괴하지 않는다.
삶은 단지 우리가 자신으로 인식한 것에
계속해서 생명의 뿌리를 내려줄 뿐이다.
우리가 우리의 의식을 바꿀 때에만 세상의 것들은 사라진다.
그대가 이 사실을 부정하고자 한다면 그렇게 해보라.
하지만 그대의 그런 부정 속에서도
'의식은 유일한 실체이고 현실의 것들은
그대가 인식하는 것을 비추는 거울일 뿐이라는 사실'은
여전히 진실로 남게 될 것이다.

하늘나라의 왕국은 그대 안에 있기에,
그대가 찾고자 하는 천상의 상태는
오직 의식 안에서만 발견할 수 있을 뿐이다.
그대의 의식은
살아있는 유일한 실체이고 불멸하는 창조의 머리이다.
지금 그대라고 알고 있는 존재는
아주 찰나의 순간 동안 잠깐 두르는 껍데기일 뿐이다.

지금 자신으로 인식하는 것에서 그대의 의식을 제거한다면
그 육체에게 참수형을 내리는 것이다.

하지만 닭이나 뱀의 머리가 잘려나간 후에도
그 몸통은 얼마 동안 살아서 맥박이 뛰는 것처럼
그대도 그대라고 인식했던 것에서 의식을 제거한 후에도
그 성질이나 상황은 잠시 동안 살아있는 듯 보인다.
이 의식의 법칙을 모르는 이들은
과거의 습관적인 상황들을
지속적으로 생각하고 의식을 기울임으로써
이런 죽은 육신들에게
불멸하는 창조의 머리를 다시 얹어 놓아
다시 생명을 불어넣고 부활시킨다.
그대는 이 죽은 육신을 홀로 떠나보내,

'죽은 자가 죽은 자를 묻게'

만들어야만 한다.

사람들은 소망이 성취된 의식을 취한 후에
다시 뒤를 돌아봄으로써

자신의 손에 쟁기를 든 자가 되는 것이고,

이로써 하늘나라의 왕국에 들어가는 자격을
스스로 물리칠 뿐이다.

하늘나라의 뜻이 이 땅에서 이루어지는 때면 언제나,
그대는 그대 안에 세운 하늘나라 안에 있다.
왜냐하면 하늘나라가 그것 자신을 드러내는 곳이
바로 이 땅이기 때문이다.

하늘나라의 왕국은 진정 바로 여기 있다.
지금이 받아들여진 때이다.
그러니 지금 당장 새로운 하늘을 짓고,
새로운 의식상태에 들어가라.

그러면 새로운 땅이 나타날 것이다.

22

FISHING
낚시

그들은 나가서 배에 올라탔더라.
그리고 그날 밤 아무것도 잡지 못하더라.

[요한복음 21:3]

주께서 그들에게 말씀하시기를
"그물을 배 오른편에 던져라. 그러면 찾으리라."
그러므로 던졌더니 고기 수가 많아서
그물을 끌어올릴 수가 없더라.

[요한복음 21:6]

성서에서는 제자들이 밤새 낚시를 했지만
아무것도 낚지 못했다고 한다.
그때 예수께서 모습을 나타내시어
다시 한 번 그물을 던지라 하면서,
이번에는 오른편(right side)으로 던져보라고 말한다.
베드로는 예수님의 말을 따라 다시 한 번 물속에 그물을 던진다.
아무 것도 잡지 못했던 장소에서
셀 수 없이 많은 고기들로 그물은 꽉 차게 된다.

인류의 무지의 밤 동안
노력과 투쟁이란 그물로 자신의 욕망을 잡으려 하나,
결국 그런 것이 무익하다는 것을 깨닫는다.
하지만 인식이 예수 그리스도임을 발견한 자는
그 의식의 목소리를 따를 것이고
그것이 자신의 낚시를 지시하게끔 할 것이다.

그는 자신의 낚시 바늘을 오른(right : 올바른)편으로 던질 것이다.
그 뜻은 올바른 방식으로 법칙을 적용한다는 것이고,
의식 안에서 원하는 것을 구하는 것을 말한다.
의식 안에서 소망하는 것을 발견한다면
현상세계에서 수배로 불어난다는 것을 알게 될 것이다.

낚시의 즐거움을 가져봤던 사람들은
낚시 바늘에 걸린 물고기의 느낌이 얼마나 짜릿한지 안다.
물고기가 낚시 바늘에 걸린 후에는 퍼덕거리기 시작한다.
그런 후에 어부는 물고기를 끌어올린다.
인간이 삶에서 원하는 것을 얻을 때에도
이것과 유사한 일이 의식 안에서 일어난다.

어부가 대어를 낚고자 한다면 깊은 물로 가야만 한다.
그대도 삶에서 커다란 목표를 성취하고자 한다면
많은 암초와 장애가 있는 얕은 물을 떠나,
큰 물고기들이 놀고 있는 깊고 푸른 바다를 향해 가야만 한다.
마찬가지로 그대가 삶에서 거대한 것들을 잡으려 한다면
반드시 더욱 깊고 자유로운 의식의 상태로 들어가
소망하는 것과 하나가 되어야 한다.

거대한 것들은 오직 이런 깊은 의식의 상태에만 살고 있다.

여기 낚시를 성공적으로 하는 방법에 관한 공식이 있다.

우선 그대가 세상에 나타내고 싶은 모습이나
갖고자 하는 것이 무엇인지 결정하라.
이것은 핵심이다.
그대가 무언가를 낚기 전에
삶에서 원하는 것이 무언인지 명확하게 알아야만 한다.
이렇게 목표를 명확하게 만들었다면
이제 감각의 세상에 등을 돌려라.
다시 말해 문제에서 의식을 제거하고
단지 '존재의 상태'에 머물라.

고요하게 단지 느낌으로 반복하라.

I AM

의식은 이제 그대를 둘러싼 세상으로부터 철수해서
단지 I AM에 놓이게 된다.

이로써 단지 존재에만 머문 느낌 속에 푹 빠지게 되고,
문제들이 존재하는 얕은 물에 그대를 묶어 두었던
닻을 풀어버리게 된다.
그러면 자연스럽게 깊은 곳을 향해 들어가게 된다.
확장된 느낌이 이것과 함께 일어날 것이다.
그대는 마치 실제로 부푸는 듯,
고양되고 확장되는 것을 인식할 것이다.

이렇게 붕 뜨고 부푸는 경험을 두려워 말라.
단지 당신에 대한 한계에만 무심해지는 것이기 때문이다.
어쨌든 한계란
오직 그대의 의식 안에서만 생명을 갖기 때문에
그대가 그것에서 멀리 벗어난다면 그것들은 또 사라질 것이다.
이런 깊고 확장된 의식 안에서
그대자신을 규칙적으로 출렁이는 깊은 대양처럼
맥동하는 거대한 권능으로 느끼게 될 것이다.
확장된 느낌은 큰 물고기가 헤엄치는
깊고 푸른 바다에 있다는 증표다.

그대가 건강과 자유라는 물고기를 잡으려 한다고 가정해보자.

그렇다면 그대는
자아의 맥동치며 형체 없는 깊은 곳에서
"나는(I AM) 건강하다", "나는(I AM) 자유롭다"라고 느껴
이런 속성 또는 의식의 상태들을 잡기 시작한다.
그대는 이미 그런 존재가 되었다는 확신에 사로잡힐 때까지
이런 주장과 느낌을 계속한다.
그대 안에서 그런 확신이 생겨나
모든 의심의 구름이 걷혀
이제 과거의 한계로부터 자유롭다는 것을 알고 느끼게 된다면
그대가 물고기를 잡았음을 알게 될 것이다.
원하는 모습이 되었다고 느낄 때
온 몸 구석을 흐르는 짜릿함은
마치 낚시 바늘에 물고기가 물렸을 때의 어부의 기쁨과 같다.

이제 물고기가 퍼덕거리기 시작한다.
이것은 감각의 세상으로 돌아올 때 일어난다.
눈을 떠 세상주변을 보았을 때
그대의 모든 세포가 기대감에 젖어 짜릿함을 느낄 정도로
건강과 자유에 대한 의식과 확신이
내부에서 확립되었을 것이다.

그런 후에 그렇게 느꼈던 것이
스스로 모습을 나타나는 데에 필요한 시간 동안
그대가 일상을 살 때
그 누구도 보지 못했지만
오직 그대 자신만이 자신이라 느끼고 알았던 것들이
얼마 지나지 않아 땅으로 거둬들일 것이라는 앎에서 오는
비밀스러운 짜릿함을 느낄 것이다.

그대가 이런 믿음 속에서 걸어 나갈 때
생각하지도 못한 순간에
자신으로 인식했던 모습으로 변해 있을 것이고,
혹은 그대가 소유했다고 인식했던 것을 갖게 될 것이다.
그렇게
어부가 대어를 끌어올렸을 때의 기쁨과 같은 것을 경험한다.

이제 나가서 그대의 그물을 오른 편으로 던지라.
그렇게 세상의 것들을 낚는 어부가 되라.

23

BE EARS THAT HEAR
듣는 자가 되어라

이 말들을 그대 귀에 담아 두어라.

이제 사람의 아들이 사람들의 손에 넘겨지리라.

[누가복음 9:44]

눈이 있으나 보지 못하고,
귀가 있으나 듣지 못하는 자가 되지 말라.

이 진리들을 그대의 귀에 담아 두어라.
왜냐하면 그대는 아이를 잉태한 후에(생각을 품은 후에)
아들이 어떻게 태어날 지에 대해
자신의 잘못된 가치관(이성)으로
이유와 원인을 설명하려할 것인데
그런 행동은 아이를 산산조각 내는 일이기 때문이다.

사람들이 '인간으로서는 불가능하다'고 동의한 것을
지혜로운 자에게 이루어보라고 말해보라.
그렇다면 아마 그 사람은
왜, 어떻게 그것이 불가능한지 말하기 시작할 것이다.
그들은 이렇게 해서

줄곧 이음매 없는 의복(현현의 원인)을 찢어낸 후에
'그들이 불가능하다고 주장했을 때 진리에서 벗어났던 것처럼'
더욱 진리에서 벗어나게 될 것이다.
사람이 현현의 원인을 자신이 아닌 다른 곳에서 찾고자 한다면
헛된 방황을 하는 것이다.
수천 년 동안 이런 말이 인류에게 전해지고 있다.

> 나는(I AM) 부활이고 생명이라
>
> [요한복음 11:25]

> 내가 그것을 나에게 끌어오지 않았다면
> 어떤 것도 내게 다가오지 않는다
>
> [요한복음 6:44]

하지만 인류는 이 말을 믿지 않을 것이다.
그들은 자신이 아닌 외부에 원인이 있다고 믿으려 한다.
사람들은 보이지 않던 것들이 눈에 나타났을 때에야
비로소 그것들이 나타난 이유와 목적을 설명할 수 있다.
그런 식으로 언제나 인간의 손(이성적인 설명과 지혜)으로
인간의 아들(현현하고자 하는 관념)을 파괴한다.

'의식이 모든 것의 원인'이라는 진리를 발견한 그대는
많은 신들을 숭배하는 이집트의 어둠으로 다시 돌아가지 말라.

오직 한 분의 하느님이 존재한다.
한 분의 하느님, 유일한 하느님은 바로 '그대의 인식'이다.

> 이 땅의 모든 것들은 아무것도 아닌 것이 되더라.
> 그러자 그는 하늘나라의 군대에서
> 자신의 뜻대로 행하고,
> 이 땅의 누구도 그의 손을 막으면서
> 그에게 무엇을 하는 짓인가라고 말하지 못하더라

["땅의 모든 거민은 아무것도 아닌 것으로 여겨지나, 그 분께서는 하늘의 군대에 있어서나 땅의 거민 가운데서나 자신의 뜻에 따라 행하시나니, 그 분의 손을 치거나 그 분께 말하기를 '무엇을 하는 짓인가?' 할 자가 아무도 없느니라." 다니엘 4:35]

세상 모든 것이 그것은 이루어질 수 없다고 말하지만
이미 이루어졌다고 인식한다면
세상에 그 모습을 드러나게 할 것이다.
그대의 의식은 인식한 것을 현현하는 데에

결코 다른 이들에게 허락을 구하지 않는다.
인류의 지혜가 그것을 반대하더라도,
그리고 그 누가 그것을 반대하더라도
그렇게 인식한 것은 아무런 노력 없이 당연하게 이루어진다.

길을 가는 중에 누구에게도 경배하지 말라

["돈 주머니나 지갑이나 신도 가져가지 말고 도중에 아무에게도 인사하지 말라." 누가복음 10:4, 열왕기하 4:29]

이 말은 무례하고 불친절하게 되라는 명령이 아니라
인식보다 더 상위의 힘을 인정하지 말라는,
그리고 그것이 현현하는 것에 대한 장애물을
그 누구에게서도 보지 말라는 충고이다.
그 누구도 그대의 손을 막거나
그대가 그대의 모습으로 인식한 것을 나타내는 능력에 대해
의문을 제기할 수도 없다.
보이는 것만을 보고 판단하지 말라.

모든 것은 하느님의 눈으로 보기에는
아무것도 아닌 것이기 때문이라

["그 분 앞에 모든 민족들은 아무것도 아닌 것 같고 그 민족들이 그에게는 없는 것보다 못하게 여겨지며 헛것으로 여겨지리라." 이사야 40:17]

제자들이 정신이 온전치 않은 아이를 보았을 때
그들은 눈에 사로잡혀 그 아이를 치유한다는 것은
이제껏 봐왔던 문제보다 어렵다고 느꼈다.
결국 아이를 치료하지 못했다.
그들은 외형을 보고 판단함으로써
하느님에게는 모든 것이 가능하다는 사실을 잊었다.
그리고 '눈에 보이는 것이 현실이다'는 최면에 걸려
자신들의 온전한 본성을 느낄 수 없었다.
그대가 이런 실패를 피하기 위한 유일한 방법은
그대의 인식이 '전능한 자'이자
'최상의 지혜를 지닌 현존'이라는 사실을 인식하고 또한
'그대 안의 알려져 있지 않은 이 현존'은
외부의 어떤 도움이 없더라도 그대라고 인식한 것을
외부에 그려낸다는 사실을 마음속에서 계속 간직하는 것이다.

감각이 보여주는 것들에 완벽히 무심해져
소망의 자연스러움을 느낄 수 있도록 하라.

그렇게 한다면 그대의 소망은 실현될 것이다.
보이는 것에서 주의를 거두고,
그대 내부에서 인지한 그 완벽한 상이
무엇에도 흔들리지 않고 불신되지 않도록
자연스러운 것으로 느끼라.
그 인지한 상은 결코 그대를 길에서 벗어나게 하지 않을 것이다.

그대의 욕망은 그대 문제의 해법이다.
욕망하는 것에 생생함을 준다면 문제는 해결된다.

가장 강력한 의지의 힘을 동원해서도
무언가를 외부로 나타나게 할 수는 없다.
원하는 것을 명령할 수 있는 유일한 길은
소망이 성취된 의식을 취하는 것이다.
어떤 것을 느끼는 것과 그것을 단지 지적으로 아는 것,
이 둘 사이에는 커다란 차이가 있다.
그대가 의식 안에서 어떤 것을 소유했다면(느꼈다면)
그것을 단단한 형태로 만들게 하는 실체에게 명령을 한 것이다.
이 사실을 있는 그대로 받아들여야만 한다. 그리고
보이지 않는 실체와 그것이 나타난 것 사이를

연결하는 고리에 대해 절대적인 확신을 지녀야만 한다.

그대는 외부에 모습을 드러낸 것들을
단지 의식상태의 반영으로만 보고
그것 외의 다른 믿음들은 다 버려,
마음속에 받아들인 것들을 이성과 지성 모두를 초월한

'강렬하고 불변하는 확신'으로 만들어야만 한다.

진정으로 이 진리를 이해하고 믿는다면
그 무엇에도 흔들리지 않는
굉장히 심원한 확신을 세우게 될 것이다.

그대의 욕망은
오직 하느님의 명령에만 응답하는 보이지 않는 실체이다.
하느님은
자신을 그 명령한 존재라 주장함으로써
보이지 않는 것들에게 모습을 나타내라고 명령한다.

그는 자신을 하느님과 하나로 만들었고
하느님의 일을 하는 것을 약탈로 보지 않았더라

[빌립보서 2:6]

이 말씀을 그대의 귀에 담아 두어라.
그대는 이미 원하는 모습이 되었다고 인식하라.

24

CLAIRVOYANCE
천리안-몬테크리스토 백작

눈이 있으면서 보지 못하는가?
귀가 있으면서 그대는 듣지 못하는가?
그리고 그대는 기억하지 못하는가?

[마가복음 8:18]

진정한 천리안이란 인간의 시야를 초월해
무언가를 보는 능력을 말하는 것이 아니라
지금 보고 있는 것을 이해하는 능력을 말한다.

대부분의 사람들은 재무제표를 볼 수는 있지만
그것을 이해하기는 힘들다.
그렇게 보고 있는 것의 내용을 해석하는 능력은
통찰력 있는 시야(clear seeing), 즉 천리안(clairvoyance)의 표식이다.

생물과 무생물을 포함한 모든 것들은
그것 자체보다 더욱 빛나는 에너지를 가지고,
'움직이고 맥동하는 투명한 빛'에 쌓여있다.

어떤 사람도 작품을 쓴 작가보다 더 알 수는 없다.
하지만 그런 오로라를 보는 능력과

자신이 보는 세상을 이해하는 능력은
같지 않다는 것을 또한 안다.

이 말을 설명하기 위해 한 가지 이야기를 소개하고자 한다.
사람들은 다음 소개하는 내용에 너무 친숙하지만
그 진정한 의미는
신비가 혹은 천리안을 가진 사람만이 이해할 수 있다.

몬테크리스토 백작

신비주의자, 즉 천리안을 가진 사람이 보기에는
뒤마의 "몬테크리스토 백작"의 이야기는
단순한 소설이 아닌 모든 사람들의 전기이다.

줄거리

1. 젊은 항해사인 에드먼드 단테스가 타고 있는 배의 선장은 죽는다. 그는 폭풍우가 몰아치는 바다 한 가운데서 배의 통솔권을 취해 배를 안전한 곳에 정박시키려 한다.

[주석]

삶은 정말 폭풍우가 몰아치는 바다와 같고
우리 인간들은 그곳에서
자신을 안전한 안식의 항구에 정박시키려 맞서 싸운다.

2. 단테스는 황제 나폴레옹이 갇혀있던 엘바섬에 정박하고, 그곳에서 나폴레옹은 그에게 비밀문서를 준다. 그리고 그것을 단테스 자신도 모르는 사람에게 전달할 것을 명령한다. 적당한 때가 되었을 때 그 문서를 받을 사람이 단테스에게 자신의 신분을 밝힐 거라고 말한다. 이 비밀문서에는 황제 나폴레옹을 엘바섬에 있는 감옥에서 구해낼 계획이 들어있다.

[주석]

모든 사람 안에는
자신 안에 갇혀 있는 전능한 황제를 자유롭게 만들
비밀스러운(드러나지 않은) 계획이 담겨있다.

3. 단테스가 항구에 도착했을 때 (아첨과 아부로 현재의 왕에게 환심을 샀던) 세 명의 남자가 다가와 그 젊은 선원을 체포하고 지하묘지에 가둔다. 그들은 나폴레옹이 다시 황제의 자리에 복귀하게 된다면 현 정부에서 자신들의 지위가 바뀔 가능성이 있는 자들이다. 그들은 어떤 세상의 변화도 두려워해 나폴레옹의 탈출을 막으려는 자들이다.

[주석]

인간은 이 세상에서 자신에게 안정을 줄 것을 구한다.
하지만 그 노력은 세상의 것에만 집중되어 있기 때문에
오히려 탐욕과 허영과 권력이라는
거짓된 빛에 이끌리게 되고 잘못된 길로 인도된다.
대부분의 사람들은 인생의 폭풍우를 막기 위해선
명성과 거대한 부, 정치적 권력을 얻어야만 한다고 생각한다.
그래서 그들은 삶을 안정이라는 곳에 정박시켜줄 닻줄로
이런 것들을 얻으려하고, 이런 헛된 방황은
자신들의 진정한 존재에 대한 앎을 조금씩 잃게 만든다.
만약 나 자신이 아닌 다른 것에 믿음을 두고 구하려한다면
그렇게 믿음이 놓였던 것은 결국 부메랑처럼
나를 무너뜨릴 것이고
혼란과 절망이라는 감옥에 갇힌 신세가 된다.

4. 이 무덤 속에서 단테스는 잊혀갔고 감방 속에서 썩어가고 있었다. 많은 시간이 지난 어느 날, (이 때는 거의 살아있는 해골수준이 되어버린) 단테스의 귀에 감옥 바닥에 깔린 돌을 두드리는 소리가 들리게 된다. 단테스가 대답하자 사람의 목소리가 들린다. 단테스가 바닥의 돌을 치우자 한 늙은 사제가 얼굴을 내민다. 그 누구도 그 늙은 사제가 무슨 이유로 감옥에 갇혔는지, 또 얼마나 오랜 시간 동안 그곳에 있었는지 모를 정도로, 긴 시간 동안 감옥에 갇혀 있었다.

[주석]

정신적 무지의 벽 뒤로
인간은 마치 살아있는 시체처럼 살고 있다.
인간은 절망의 시간들이 흐른 후에
이런 잘못된 친구들로부터 돌아선다.
그리고 자신을 인간이라 믿기 시작한 그 날부터 묻혀있던,
'자신이 신이란 사실을 잊었던' 고대인(존재의 인식)을
자신 안에서 발견한다.

5. 늙은 사제는 수많은 세월을 이 산자의 무덤에서 벗어나기 위해 땅을 팠지만 결국 단테스가 있던 지하무덤으로 들어가고 말았다. 그러자 그는 이젠 운명에 맡기고 자신이 알고 있던 삶의 비밀 전부를 단테스에게 가르치는 것에 자신의 기쁨과 해방감을 느낀다. 그리고 단테스의 탈출을 돕기로 결심한다. 단테스는 처음에 이 지식 전부를 성급하게 다 받아들이고자한다. 하지만 늙은 사제는 자신의 긴 수감생활동안 끝없는 인내를 통하여 그 지식전부를 모았던 경험 때문에 현재 단테스의 조급하고 준비되지 않은 마음으로는 그것들을 받아들이는 것이 얼마나 부적합한지를 보여준다. 단테스는 다시 이성적인 냉정을 되찾고 늙은 사제로부터 삶과 시간의 신비에 대해 배우게 된다.

[주석]

이 진리를 듣게 된 사람은 누구나 경이로움을 느끼기 때문에
바로 그 전부를 얻으려 한다.
하지만 인간이라는 믿음으로 수없이 많은 세월을 살아온 터라
이 기억을 곧바로 흡수할 수 없을 정도로
자신의 정체성을 완벽하게 잃었다는 것을 곧 깨닫게 된다.

또한 인간적인 가치와 의견들을 떠나보내는 만큼
그 진리를 받아들일 수 있는 능력이 커진다는 것을 깨닫는다.

6. 늙은 사제는 단테스가 자신의 가르침으로 점점 성장해가는 것을 보면서 단테스의 의식 안에서 자신이 더욱 더 살아있는 것을 깨닫게 된다. 마지막으로 신탁재산의 지위를 다루는 것에 적합하도록 만들어주면서 자신의 지혜의 마지막 부분을 단테스에게 준다. 그리고 몬테크리스토 섬에 묻힌 무한한 보물에 관해 말해준다.

[주석]

우리는 우리가 품어왔던 이런 인간적 가치를 내려놓을수록
빛(늙은 사제)을 더욱 흡수하게 된다. 그래서 결국에는
빛이 되고 오랜 세월 묻혀 지내던 고대인이
바로 자신이란 사실을 깨닫는다.

나는(I AM) 세상의 빛이라

7. 이렇게 비밀을 전해줬을 때, 동굴 위 바다와 통하는 길을 막고 있던 지하묘지의 벽은 무너져 늙은 사제를 덮치게 되고, 그는 죽음을 맞이하게 된다. 그 사고를 본 경비병들은 늙은 사제의 몸을 자루에 넣고 꿰메서 바다에 던지려고 한다. 경비병들이 들것을 가지러 갔을 때, 단테스는 늙은 사제의 시체를 치우고 자신이 들어가 그 자루를 꿰맨다. 경비병들은 이것을 눈치채지 못한 채 늙은 사제가 그 안에 있다고 생각하고는 단테스를 바다에 던진다.

[주석]

늙은 사제가 죽을 때 피와 물이 흐르는 것은
로마 병사들이 예수의 옆구리를 찔렀을 때
피와 물이 흐르는 것과 비슷하다.
이런 피와 물은 아이가 태어날 때 항상 일어난다.

(여기서는 더 높은 의식이 태어나는 것을 상징한다)

8. 단테스는 그 자루에서 빠져나와 몬테크리스토 섬으로 가고, 그곳에서 묻혀있는 보물들을 발견한다. 그리고 이런 막대한 부와 초인적인 지혜로 무장한 그는 에드몬드 단테스라는 예전의 자신을 버리고 몬테크리스토 백작이라는 이름을 취한다.

[주석]

인간은

자신의 '존재의 인식'이 무한한 우주의 보물이란 것을 깨닫는다.

이런 깨달음을 얻은 날,

인간으로서의 자신은 죽고 신으로서 깨어난다.

바로 에드몬드 단테스는

몬테 크리스토(Cristo) 백작이 된다.

인간은 그리스도(Christ)가 된다.

25

TWENTY THIRD PSALM
시편 23장

[1] The Lord is my Shepherd; I shall not want
1. 주는 나의 목자이니 나는 부족한 것이 없으리로다

[주석]
나의 인식은 나의 주이자 목자이다.
내가(I AM) 나라고 인식한 것은 나를 따르는 양떼이다.
그렇게 나의 존재의 인식은 선한 목자이기에
한 마리의 양도, 즉 내가 인식하는 어느 것도 잃지 않는다.
나의 의식은 인간의 혼돈이라는 광야에서 외치는 음성이다.
내가(I AM) 나라고 인식하는 것 모두에게
나를 따르라고 외치는 음성이다.
나의 양떼는 또한 나의 목소리를 알기에,
그것들은 어느 하나도 나의 부름을 따르지 못하는 것이 없고,
내가 나라고 인식한 것이 나를 찾지 못할 때도 없을 것이다.

나는(I AM) 내가 인식하는 것 모두가 들어올 수 있는
개방된 문이다.
나의 '존재의 인식'은 내 삶의 주이자 목자이다.
이제 나는 나 자신으로 인식하는 것의 증거의 부족이나
나타남의 결핍이 없을 것이라는 것을 안다.
이것을 알면서
위대함, 사랑, 풍요, 건강 등의 내가 사모하는 모든 속성들을
나 자신이라고 인식할 것이다.

[II] He maketh me to lie down in green pastures
2. 그가 나를 푸른 초원에 눕게 하시고

[주석]
나의 '존재의 인식'은
내가 나로 인식하는 것 모두를 확대해주고 있기에
언제나 내가 나로 인식한 것은 넘쳐난다.
내가 나를 무엇으로 인식하느냐는 것과 상관없이,
그렇게 인식한 것은
나의 세상 안에서 영원히 솟아나는 것을 보게 될 것이다.

주의 도량법(자신에 대한 관념)은
항상 꽉꽉 누르고 잘 흔들어서 넘치게 만든다.

III. He leadeth me beside the still waters
3. 그는 나를 잔잔한 물가 옆으로 인도하시더라

[주석]
내가 나로 인식하는 것을 위해서 싸울 필요가 없다.
이는 목자가 자신의 양떼들을
고요한 샘물의 잔잔한 물가로 쉬이 인도하듯,
내가 나로 인식한 것 역시 어떤 애도 쓰지 않아도
나를 인도할 것이기 때문이다.

IV. He restoreth my soul;
He leadeth me in the paths of righteousness
for His Name's sake
4. 나의 영혼을 소생시키고,
그의 이름을 위한 올바름의 길로
나를 이끄시도다

[주석]

나의 기억이 소생되어 내가(I AM) 주이고
나 외에는 어떤 하느님도 없다는 사실을 알았기에
나의 왕국은 복원된다.
권능이 나와는 분리된 곳에 있다고 믿었던 날,
그날 해체되었던 왕국은 이제 온전히 복원된다.
나의 '존재의 의식'이 하느님임을 알았기에
앞으로는 내가 원하는 존재로만 나 자신을 규정함으로써
이 지식을 올바르게 사용할 것이다.

V. Yea, though I walk through
the valley of the shadow of death,
I will fear no evil;
for Thou art with me; Thy rod and Thy staff, they comfort me.

5. 정녕, 내가 죽음의 그림자의 골짜기를 지날지라도
악을 두려워하지 않으리니, 이는 주께서 나와 함께 계심이요,
주의 지팡이와 주의 막대기가 나를 위로하심이라.

[주석]
정녕,
내가 모든 혼돈과 변화하는 인간적 견해 위를 지날지라도
악을 두려워하지 않을 것이니,
이는 혼돈을 던져준 의식을 발견했기 때문이다.
나는 의식을 그 올바른 위치와 고귀함에 다시 갖다 놓았으니
어떤 혼돈 속에서도
지금 나로 인식한 것을 세상에 그려낼 것이다.
그래서 그 혼돈은 메아리쳐
나의 고귀함으로 다시 돌아올 것이다.

VI. Thou preparest a table before me
in the presence of mine enemies;
Thou anointest my head with oil;
my cup runneth over.
5. 주께서 내 원수들의 면전에서
내 앞에 식탁을 마련하셨나이다.
주께서 내 머리에 기름으로 부으셨으니
내 잔이 넘치나이다.

[주석]

반대와 충돌처럼 보이는 상황에서도 나는 성공할 것이다.
지금 내가 풍요롭다고 인식하는 것을
세상에 그려낼 것이기 때문이다.
나의 머리(의식)는 하느님이 되었다는 기쁨으로
계속 넘쳐흐를 것이다.

VII. Surely goodness and mercy
shall follow me all the days of my life;
and I will dwell in the house of the Lord forever.

7. 진실로 선함과 자비심이
내 생애의 모든 날 동안 나를 따르리니,
내가 주의 집에 영원히 거하리로다.

[주석]

지금 나는 선하고 자비롭다고 인식하기에,
그 선함과 자비의 증거들은
내 생애의 모든 날 동안 나를 따르게 될 것이다.
내가 하느님(선함)이 되었다는 집(의식)에 영원히 거할 것이기에.

26

GETHSEMANE
겟세마네

예수께서 제자들과 함께
겟세마네라 하는 곳에 오셔서 제자들에게 말하니,
내가 저쪽으로 가서 기도하는 동안, 여기 앉아 있으라.

[마태복음 26:36]

가장 아름다운 신비적 이야기는

겟세마네 정원에서의 예수의 이야기다.
하지만 우리는
그 이야기에 숨겨진 상징을 제대로 이해하지 못해,
이 신비적 합일에 관한 내용을
예수가 자신의 운명을 바꾸기 위해
공허한 간청을 하는 경험으로 잘못 해석했다.

신비가의 눈에 겟세마네는
창조의 정원이고
인간이 자신의 명확한 목표를 실현하기 위해 가는
의식 안의 장소이다.

겟세마네(Gethsemane)는
기름진 물질을 짜내는 것을 의미하는 합성어이다.

Geth : 짜다
Shemen : 기름진 물질

겟세마네의 이야기는 극화된 상징성 안에서
창조의 활동을 신비가에게 보여준다.

사람은 자신 안에 기름진 물질을 지니고 있는데
창조활동을 통해서 자신의 모습으로 짜낼 수 있다.
마찬가지로 자신 안에는 신성한 원리(의식)를 지니고 있으면서
의식의 상태에 따라 그 원리를 규정짓고
어떤 도움도 없이 그것을 짜낸다. 즉 외부에 나타낸다.

정원은
정원사가 고른 씨앗을 심고 경작하기 위해 일궈진 땅인
특별하게 준비된 토양이다.
신비가들은 자신의 목표를 아주 뚜렷하게 만든 후에
이 겟세마네 정원이라는 의식의 장소에 들어가게 된다.
우리의 의식을 주변세상으로부터 철수하고 목표에 두었다면
이 정원에 들어간 것이다.
뚜렷하게 만든 욕망들은

그 안에 그것을 펼쳐낼 힘과 계획을 지닌 씨앗이다.
이것은 마치 인간 안의 씨앗처럼
기름진 것(기쁘고 감사하는 마음의 태도) 안에 묻혀 있다.

우리는 우리가 원하는 모습이 되었다 생각할 때나
혹은 갖고자 하는 것을 가졌다고 생각할 때
그 기름을 짜내는 영적활동을 시작하게 된다.
예전에는 단지 소망에 불과했던 모습이었지만
이젠 그 모습이 되었다고 의식 안에서 느끼고 주장해,
열광적이고 흥분되는 즐거움에 푹 빠졌다면
이런 씨앗들은 짜내어져서 심어진다.
이렇게 욕망이 현현된다면, 즉 짜내어진다면
그 특정한 욕망은 사라진다.

무언가를 이미 가졌다고 인식하면서
여전히 그것을 갖고자 하는 욕망이 있을 수는 없다.

그래서 원하는 모습이 되었다는 느낌을 의식에서 지녔다면
그 욕망은 먼저 사라지고, 그 후에 현실에서 나타난다.
원하는 존재가 되었다는 인상을 느끼고 받아들이는

수용적인 마음의 태도는
그 씨앗(명확한 목표)을 받아들이는 비옥한 토양이자
어머니의 자궁이다.
한 사람에게서 나온 씨앗은 자라서 다시 그의 모습이 된다.
마찬가지로
'원하던 모습이 이제 되었다'는 의식의 주장,
이 신비적인 씨앗 역시 다시 그대의 모습으로 자라게 될 것이다.

그렇다.
겟세마네는 훈련된 사람(제자)이 자신으로부터
기쁨의 씨앗을 수용적인 마음의 태도 안에 뿌리고,
원하던 모습이 되었다는 기쁨으로 걸어 나감으로써
그 씨앗에 자양분을 공급해주기 위해 가야하는
성경 이야기속의 경작된 정원이다.
비록 그 씨앗이 펼쳐낼 것들은 아직 눈에 보이지 않지만
정원사는 의식에 심어진 이런 인상이 자라서 성숙하게 익으면
곧 모습을 드러낼 것이란 것을 안다.

정원사는 이 앎으로 비밀스러운 기쁨을 갖게 된다.
바로 이 정원사의 짜릿한 기쁨을 느껴 보라.

그대의 의식은 주이자 남편이다.
그리고 그대가 머물고 있는 의식의 상태는 아내이자 연인이다.
그대의 눈에 보이는 세상은
그대가 머무는 의식상태의 모습과 형상을 쫓아 만들어지기에
이렇게 보이는 상태는
'아버지-어머니'인 그대의 증거를 보여주는
그대의 아들이다.
그렇기에 그대의 세상은 단지 그대의 명확해진 의식이
외부로 모습을 드러낸 것일 뿐이다.

이것이 진실이라는 것을 알아서
그대가 아이의 어머니가 될 사람을 잘 고르고 있는지,
다시 말해 그대 자신에 대한 관념을 잘 고르고 있는지
주의 깊게 살피라.

현명한 자는 아내가 될 사람을 매우 신중하게 고른다.
아이들은 부모의 자질을 물려받는다는 것을 알기에
아이의 어머니가 될 사람을 선택하는 것에
많은 시간을 들이고 신경을 쓴다.
신비가는 자신이 살고 있는 의식의 상태가

아이의 엄마이자 아내를 고르는 선택이란 것,
그리고 이 상태는 장차 반드시 자신의 세상 안에서
그것의 모습을 나타낼 거라고 안다.
그래서 그는 수많은 선택 중에서
가장 이상으로 삼은 모습으로 자신을 항상 주장한다.

의식 속에서
자신을 소망하는 모습으로 규정짓는다.

자신이 머물러 있는 의식의 상태가
함께 할 사람을 고르는 선택임을 깨달은 사람은
자신의 감정과 느낌에 보다 신중하게 될 것이다.
그는 더 이상 두려움이나 결핍 등의 원하지 않는 인상에는
반응하지 않으려 할 것이다.

의식 안에서 외친 주장들은 장차 자신의 조건과 환경이 되어
자신을 다시 찾아온다는 것을 알기에,
신비가들은 그런 결핍을 부르는 생각들을
결코 자신의 감시망으로부터 빠져나가게 놔두지 않는다.
그래서 그는 자신이 이미 원하는 모습이라고

스스로를 정의 내리고 주장하고 느낀다.
그것을 통해서
자신의 사랑하는 연인인 명확한 목표에 믿음을 유지한다.

만약 뚜렷한 목표가 현실이 되었다면
그것이 기쁨과 아름다움의 것일지 자신에게 물어보라.
긍정한다면 그대가 고른 신부는
'찬양의 왕으로 불리는 유다'의 딸이자,
이스라엘의 여왕이란 것을 알게 될 것이다.

예수는 자신의 제자들, 즉 훈련된 마음의 성향들을 데리고
기도의 시간에 들어가서, 그들에게
자신이 기도하는 동안
욕망이 실현되는 것을 거부하는 생각 또는 믿음이
자신의 의식 안으로 들어오지 못하도록 감시하도록 명했다.

예수가 보여준 길을 따르라.
예수는 자신의 소망을 명확하게 한 후에
그 소망이 실현된 열광적인 기쁨에 푹 빠지기 위해
자신의 제자들을(그의 훈련된 마음을) 데리고

겟세마네(기쁨의 상태) 정원에 들어갔다.
그는 의식을 자신이 목적하는 것에 고정시키라고
제자들에게 명령을 내렸고,
이것은 그렇게 고정한 것을 살펴서 믿음을 유지하기 위함이다.

욕망이 현실로 이루어졌을 때 누리게 될 기쁨을 명상했다면
그는 영적인 생식활동을 한 것이다.
다시 말해 그의 명확한 목적이라는 신비적인 씨앗을
짜내는 활동을 시작했다.
의식이 목적에 고착된 상황에서
자신의 온 존재(의식)가
피(생명)를 닮은 기름(기쁨)으로 씻길 때까지
(겟세마네에 들어가기 전에는) 자신이 바라던 모습이
이제는 자신의 모습이라고 주장하고 느끼며 머물렀다.
요약해보면 그의 온 의식이 자신의 뚜렷한 목표가 되었다는,
'그치지 않고 계속되는' 기쁨으로 채워질 때까지 머물렀다.
이런 하나 된 상태가 성취되어
신비가가 기쁨을 느끼게 된다면,
그는 과거의 의식의 허물을 지나쳐
현재의 의식으로 들어왔다는 것을 알게 된다. 그렇게

십자가에서의 못박힘이라는 유월절은 완성된다.

십자가의 못박힘 또는 새로운 의식의 고착이 온 후에
안식일이라는 휴식의 시간은 따라온다.

인상이 내부에 각인되는 것(impression)과
그것이 세상에 모습을 드러내는 것(expression) 사이에는,
다시 말해 의식의 주장과 그것이 형체의 옷을 입는 것 사이에는
항상 시간의 간격이 있다.
이 간격을 안식일이라 하고,
그것은 쉼 혹은 비노력의 기간(무덤 속의 날)이다.
내가 어떤 모습이 되었다는 의식이나
어떤 것을 가졌다는 의식 속에서
흔들리지 않은 채 걷는다는 것은,
안식일을 거행하는 것이다.

십자가에서 예수의 못박힘은
이 신비적인 고요함과 휴식을 아름답게 표현한 것이다.
예수는 **"이루어졌다!"**라고 말한 후에 무덤 속에 묻혔다.

그는 안식일 동안 그곳에서 그렇게 머물러 있었다.
그대도 새로운 상태와 새로운 의식을 사실로 받아들여
그 일이 이루어졌다는 앎으로 흔들리지 않고 안정된다면
그대 역시 "이루어졌다!"고 외칠 것이다. 그리고
새로운 의식이 반드시 부활할 것(눈에 보이게 될 것)이라는
확신으로,
흔들리지 않게 될 시간 속으로,
즉 안식일이라는 무덤 속으로
들어갈 것이다.

    부활절이라는 부활의 시간은
   백양궁 자리에 보름달이 뜬 후 찾아오는
     첫 일요일(휴일)이다.

이것에 대한 신비적인 의미는 간단하다.
비가 내리기 위해서는
그곳의 습도가 일정한 정도에 이르러야 하는 것처럼
그대의 소망이 현실에 모습을 나타내기 위해서는
그대가 거하는 상태가
'그것은 이미 그렇다(그것은 이루어졌다)'는 것으로

의식 전체를 채워야만(만월이 떠야만) 한다.

적도는
태양이 봄을 알리기 위해 지나가는 상상의 선인 것처럼,
그대의 명확한 소망 역시 상상의 상태이다.
달에는 그것 본연의 빛과 생명이 없지만
태양의 빛을 비추는 것처럼
이 소망 역시 그것 본연의 빛과 생명은 없지만
의식의 빛을 비출 것이다.

나는 세상의 빛이니,
나는 부활이며 생명이라

백양궁 자리에 만월이 왔을 때가 부활절인 겻처럼,
의식 안에서 한 그대의 주장도 의식을 꽉 채웠을 때,
즉 이 새로운 관념으로 정말 살게 되었을 때 부활하게 된다.

대부분의 사람들은
그 새로운 주장이 의식을 꽉 채울 때까지 믿음을 유지하지 못해,
소망을 부활시키지 못하고 다시 시들어버리게 한다.

만월이 오기까지는
부활절이나 생명을 거듭 얻는 날이 없다는 사실을 명심한다면

의식 속에 들어갔던 상태 또한 뚜렷하게 되어
자신이 그것 안에서 머물러야만
현실이 되고 부활한다는 것을 깨닫게 될 것이다.

의식 속에서 주장한 모습으로 실제 되었다는 느낌을 받아
그대의 모든 자아가 짜릿함을 느끼는 순간까지
의식 안에서 원하는 존재가 된 모습으로 사는 것,
오직 이 하나의 방법만으로
인간은 자신의 소망을 부활시키고 실현시킬 것이다.

27

A FORMULA FOR VICTORY
승리의 공식

그대의 발 하나라도 밟는 곳 모두는,

내가 그대에게 주었으니.

[여호수아 1:3]

여호수아가 여리고라 불리는 도시를 정복하는 이야기는
우리에게 친숙하다.
하지만 이 이야기를 어떤 상황과 곤경을 이겨내는
완벽한 승리의 공식이라고는 생각하지 못한다.

여호수아에게는 하나의 무기만이 있었는데,
'그의 발 하나라도 닿는 곳이라면 그곳이 어디라도
그에게 주어진다'는 앎이었다.
그래서 그는 여리고를 얻기 위해
그곳에 발을 두려고 했지만 벽이 막고 있었다.

이성적으로 생각해본다면 이 육중한 벽을 넘어
여리고에 발을 디딘다는 것은 불가능해 보인다.
하지만 여호수아는 자신의 소망을 막고 있는 것이
어떤 장애와 장벽이든, 단지 도시에 들어갈 수만 있다면

그곳이 자신에게 주어질 것이라는 약속에 사로잡혀 있었다.

여호수아서에는 더 나아가 이렇게 기록하고 있다.
여호수아는 이 거대한 장벽이라는 문제와 싸우는 대신
창녀인 라합의 도움을 구한다.
그리하여 그녀를 그 도시의 스파이로 파견한다.
라합이 도시 한 가운데에 위치한 자신의 집으로 들어갔을 때
(여리고의 통과할 수 없는 벽으로 단단히 막혀있던) 여호수아는
나팔을 일곱 번 분다.
일곱 번째 나팔이 울리자 벽은 산산이 부서지고
여호수아는 의기양양하게 도시에 들어간다.

아직 신비의 지식에 들어서지 못한 사람들은
이 이야기를 터무니없는 것으로 여길 것이다.
하지만 성경을 역사가 아닌 마음에 관한 드라마로 본다면
이것은 진리를 가장 잘 보여주는 이야기다. 그리고

우리가 여호수아의 행적을 따른다면
우리도 손쉽게 승리를 거머쥘 것이다.

지금 이 글을 읽고 있는 그대는 여호수아이다.
여호수아는 그대의 현재 상태를 상징한다.
그리고 여리고는 그대의 욕망 혹은 명확한 목표를 상징한다.
여리고의 벽은
그대가 목표를 실현하는 것을 방해하는 장애물을 상징한다.
발은 이해를 상징하는데,
발 하나를 일정한(definite) 곳에 둔다는 것은
명확한 마음의 상태에 고정하는 것을 가리킨다.
그대는 마음속에서 상상을 통하여 어느 곳에라도 갈 수 있고
이렇게 아무도 모르게 여행할 수 있는 능력이 있다.
이것이 스파이 라합인 것이다.

의식에는 어떤 한계도 없기에
이런 마음속 여행을 막을 수 있는 권한은 그 누구에게도 없다.
그래서 그대와 그대의 목표 사이에
어떤 장애가 가로막고 있더라도,
투쟁하지도 않고 다른 이의 도움을 구하지도 않고
시공간의 장벽을 허물어버릴 수 있다.
이런 까닭에 그대는 마음속에서 원하는 상태에 머물 수 있다.
그대는 어떤 상태나 도시에 가는 일을

물리적으로는 할 수 없을지 모르지만
마음속에서는 원하는 것이 어떤 곳이든
그곳에 발을 둘 수가 있다.
마음속에서 발을 둔다는 것은 지금 이 순간 당장 눈을 감고
지금 이곳이 아닌 다른 장소를 시각화하거나 상상한 후에,
실제로 그 장소나 그 상태에 있는 것을 느끼는 것을 뜻한다.

눈을 떴을 때
상상속 그 장소에 실제 있지 않았다는 것에
어리둥절함을 느낄 정도로
그 상황을 실제처럼 느낄 수 있다.

창녀는 알다시피
남자가 요구하는 것은 무엇이든 다 들어줄 수 있다.
그래서 그대가 원하는 것은 무엇이든,
그것이 물리적으로나 도덕적으로 적당한지 여부를 따지지 않고
사실로 받아들일 수 있는 무한한 능력은
창녀 라합으로 상징됐다.
그대는 과거의 도시, 여리고를 점령할 수 있는 능력이
있는 것뿐만 아니라 이 여호수아의 이야기를

오늘 마음에서 재연하기만 한다면
이 시대의 여리고인 그대의 명확한 목적을 정복할 수도 있다.
하지만 그대의 욕망이라는 도시를 정복하기 위해서
여호수아서에 나온 승리의 공식을 조심스럽게 따라야만 한다.

다음은 승리의 공식을 실천하는 방법이다.

첫째 : 그대의 목표를 뚜렷이 하라.
그것은 그 목표를 얻는 방법을 말하는 것이 아니라
목적 그 자체를 말한다.
그대는 원하는 것이 무엇인지 명확하게 해서 자신 안에
소망하는 것에 대한 명확한 정신적 상을 지녀야만 한다.

둘째 : 그대와 그대의 목표 사이를 가로막는 장애로부터
의식을 철수하고 목표 그 자체에 초점을 맞춰라.

셋째 : 눈을 감아라.
그리고 그대는 정복하고자 하는 도시,
즉 원하는 상태에 이미 있다고 느끼라.
의식 속에서 승리의 기쁨과 만족을 얻을 때까지

그 상태에서 머물라.
그런 후에 눈을 떠, 예전의 의식상태로 돌아오라.

원하는 상태를 향해 떠나는 이 비밀스러운 여정과
그 여정으로 인해 얻을 수 있는 완벽한 만족감,
이것이 승리를 반드시 쟁취하는 데에 필요한 전부이다.
마음속의 승리의 느낌은 어떤 반대에도 불구하고
그 스스로에게 형체의 옷을 입힐 것이다. 그것 안에는
바깥세상에 나타나게 하는 계획과 권능이 담겨 있다.

이제 여호수아의 행동을 본보기로 삼아라.
그는 의식에서 확고한 승리에 대한 느낌을 얻을 때까지
마음속에서 원하는 상태에 머물렀고,
오직 그가 했던 일은 나팔을 일곱 번 불기만 했을 뿐
이 승리를 현실로 가져오기 위해 어떤 일도 하지 않았다.

일곱 번째 나팔은 7일을 상징한다.
이것은 고요 또는 휴식의 시간이며
내면상태와 외부상태 사이의 간격이며,
이것이 바로 임신의 기간이자 기쁨에 젖은 기대의 시간이다.

여기서의 고요는 육신의 고요가 아닌
마음의 고요(완벽한 순응성)를 말한다.
하지만 그것은 나태가 아니라
불변하는 의식의 법칙에 대한 믿음으로 생겨난
생생히 살아있는 고요이다.

승리의 공식에 익숙하지 않은 사람은
마음을 고요하게 만들려고 하면서 오히려
눈에 띄지 않는 긴장감만을 얻을 뿐이다.
이것은 걱정을 억누르고 있는 것에 불과하다.
하지만 그대는 이 법칙을 안다.
그래서 승리의 기쁨으로 그 도시에 들어갔을 때의
심리적 상태를 얻은 후에는
현실에서도 욕망이 성취를 향해 가는 것을 알게 될 것이다.
그대는 승리할 것이라는 것을 안다.
그렇게 미리 짜인 각본이 진행되는 과정에서
어떤 의심과 두려움도 없이 그 일들을 할 것이다.

> 그대는 그대에게 다가오는 적들을
> 더 이상 두려워하지 않을 것이다

모든 물질적인 공격은
그에 앞서 정신적 상태가 존재해야 하기 때문이다.
그렇기에 하늘과 땅의 어떤 것들도 마음속의 확고한 상태가
승리를 일구어내는 것을 막을 수는 없다.

        그대는 명확한 목표 위에서 고요히 머물러
        승리의 기쁨이 그대 존재의 모든 세포들을
                채우게 하라.

이 법칙에 대한 앎은 믿음을 낳는다.
이렇게 생긴 믿음을 가지고
그대의 목표가 현실에서 이루어지는 것을 지켜보라.

                그대의 자아를 준비시키고
       고요히 서서 그대와 함께 하는 법칙의 구원을 보라

서른세개의 계단의 책들

네빌 고다드 5일간의 강의 (양장본) [네빌 고다드 지음]
네빌 고다드가 1948년에 5일간에 걸쳐 한 강의와 청중들과의 질문과 대답을 묶은 책이다. 시크릿으로 대중화된 '현현의 법칙'을 보다 깊게 다루고 있다. 이론에 대한 자세한 설명과 현실에 적용할 수 있는 자세한 방법을 설명한다.

세상은 당신의 명령을 기다리고 있습니다 (양장본) [네빌 고다드 지음]
네빌 고다드가 첫 책으로 냈던, [세상은 당신의 명령을 기다리고 있습니다. 원제 At Your Command]와 8개의 일반 강의를 묶어서 책으로 출간했다. 마음의 법칙 전반을 다루고 있다.

네빌 고다드의 부활 [네빌 고다드 지음]
네빌 고다드의 7권의 책을 한권으로 묶었다. 그의 강의를 들었던 청중들이 보내준 많은 경험담과 '현현의 법칙'에 대한 원리를 자세하게 기술하고 있다.

믿음으로 걸어라 (양장본) [네빌 고다드 지음]
저자가 생전 중요하게 여겼던 성경의 구절들을 하나씩 풀이하여 엮었다. 마치 시처럼 한 문장 한 문장이 영혼에 닿는 듯, 읽는 이로 하여금 깊은 울림을 준다.

당신 안의 평화 (양장본) [조셉 머피 지음]
잠재의식의 힘으로 유명한 조셉 머피의 작품으로 요한복음 전체를 강의했다. 누구나 한 번씩은 접하는 성경이지만 성경에 숨겨진 상징을 알지 못하면 그 의미를 깨닫기 힘들다. 이에 조셉 머피가 한 문장 한 문장 그 숨겨진 의미를 밝힌다.

모줌다, 왕국의 비밀 (양장본) [모줌다 지음]
그리스도의 참뜻을 알리기 위해 인도에서 온 영적스승 모줌다. 그가 전해주는 쉽고도 간결한 그리스도의 메시지를 한 권의 책으로 묶었다. 동양의 지혜와 그리스도의 메시지가 모줌다에 의해 밝혀진다.

네빌 고다드 라디오 강의 [네빌 고다드 지음]
네빌 고다드가 로스앤젤레스 라디오를 통해 강연했던 자료들과

1968년이후 강연을 모았다. 이전까지의 책들이 "법칙"에 치중했었다면 이 책은 "법칙"과 "약속"을 적절히 잘 혼합했다. "약속"은 마치 꽃이 피어나듯이 우리 인간 안의 완벽한 자아도 삶과 경험을 통해 완벽하게 피어난다는 내용을 담고 있다.

웨이아웃 (양장본) [조셉배너 지음]
항상 문제와 씨름하는 현대인에게 가장 필요한 서적. 조셉배너는 이 책을 통해 문제와 두려움을 해결하는 방법을 내려놓음으로 제시한다. 읽어나갈 때마다 조금씩 고요해지고 편안해지는 마음을 느낄 수 있을 것이다.

네빌링 [리그파 지음]
저자가 네빌고다드의 강의를 읽고 삶에서 적용해본 것을 바탕으로 잠재의식과 상상의 법칙을 설명한다. 많은 실수를 고백하고, 그것으로 인해 새롭게 깨닫게 된 경험들을 기록했다.

클레멘트스톤의 절대 실패하지 않는 성공시스템 [클레멘트 스톤]
무일푼에서 미국 50대 부자가 된 클레멘트 스톤의 자전적 기록이다. 그는 자신의 자수성가의 비밀을 상상과 믿음이라고 말한다. 세일즈에서 경영에서 어떻게 그 비밀을 사용했는지 보여주는 책이다.

마음의 과학 (양장본) [어니스트 홈즈 지음]
미국의 신사상운동을 주도했던 홈즈는 종교과학이라는 단체를 설립하고, 체계적으로 자신의 학생에게 형이상학을 가르쳤다. 그 교과서가 된 책이다. 그는 이 책을 통해 인간이 왜 소우주라고 불리는지에 대한 이론적인 설명을 바탕으로, 현실에서 원리를 이용하여 문제를 해결하는 실천적 방법을 제시한다.

상상의 힘 (양장본) [네빌고다드 지음]
네빌고다드의 책 Awakened Imagination과 Search, 그리고 음성강의 세개를 하나로 묶은 책이다. 네빌고다드 특우의 단호함과 일관성이 잘 나타나 있어, 읽는 이로 하여금 상상의 힘에 대한 믿음을 갖게 해준다.

서른세개의 계단 출판사

사색에만 빠진 철학은 삶과의 괴리를 만들고 현실의 이익에만 눈을 돌린 자기계발은 삶의 의미를 잃고 방황하게 만듭니다. 그래서 실천적인 형이상학, 즉, 현실에 도움이 되면서 삶의 의미를 명확하게 만들 수 있는 책을 발간하고자 하는 것이 서른세개의 계단 출판사의 목표입니다. 계속 좋은 책을 내고자 노력하겠습니다.

당신의 믿음이 당신의 미래를 창조한다
믿음으로 걸어라

2009년 11월 11일 초판 1쇄 발행
2023년 7월 12일 초판 10쇄 발행

지은이	네빌고다드
번 역	이상민
펴낸곳	서른세개의 계단 070.7538.0929
블로그	http://blog.naver.com/pathtolight
ISBN	9788997228089 03110

잘못된 책은 바꿔 드립니다. pathtolight@naver.com